普通高等教育"十一五"国家级规划教材　　博雅对外汉语精品教材
短期强化口语教材系列

汉语口语速成

提高篇

Pre-Intermediate

SHORT-TERM SPOKEN CHINESE

第三版　3rd Edition

马箭飞　主编
李小荣　编著

北京大学出版社
PEKING UNIVERSITY PRESS

图书在版编目(CIP)数据

汉语口语速成·提高篇 / 马箭飞主编. —3 版. —北京：北京大学出版社，2015.11
（博雅对外汉语精品教材）
ISBN 978-7-301-26376-1

Ⅰ.①汉… Ⅱ.①马… Ⅲ.①汉语-口语-对外汉语教学-教材 Ⅳ.① H195.4

中国版本图书馆 CIP 数据核字 (2015) 第 242107 号

书　　　名	汉语口语速成·提高篇（第三版） HANYU KOUYU SUCHENG·TIGAO PIAN (DI-SAN BAN)
著作责任者	马箭飞 主编　李小荣 编著
策　　　划	王　飙
责任编辑	唐娟华　宋思佳
标准书号	ISBN 978-7-301-26376-1
出版发行	北京大学出版社
地　　　址	北京市海淀区成府路 205 号　100871
网　　　址	http://www.pup.cn　　新浪微博：@北京大学出版社
电子信箱	zpup@pup.cn
电　　　话	邮购部 62752015　发行部 62750672　编辑部 62753374
印　刷　者	北京宏伟双华印刷有限公司
经　销　者	新华书店
	787 毫米 × 1092 毫米　16 开本　13.5 印张　271 千字 1999 年 6 月第 1 版 2015 年 11 月第 3 版　2025 年 1 月第 7 次印刷
定　　　价	38.00 元

未经许可，不得以任何方式复制或抄袭本书之部分或全部内容。
版权所有，侵权必究
举报电话：010-62752024　电子信箱：fd@pup.pku.edu.cn
图书如有印装质量问题，请与出版部联系，电话：010-62756370

第三版出版说明

INTRODUCTION

"汉语口语速成"包含《入门篇》（上、下册）、《基础篇》（上、下册）、《提高篇》《中级篇》《高级篇》，是一套使用广泛的短期汉语口语教材。这套教材1999—2000年陆续由北京语言大学出版社出版，2005年修订再版了《入门篇》（上、下册）、《基础篇》《提高篇》和《中级篇》。第三版由北京大学出版社出版。

"汉语口语速成"是一套备受欢迎的成熟教材，因此，第三版的修订，主要是修改或更换过时的内容。除此之外，由于《基础篇》篇幅较大，第三版改为上、下册；第二版没有修订《高级篇》，这次一并修订。

欢迎广大师生继续使用这套教材，并积极反馈教学意见，以便我们将来继续打磨这套精品教材。

北京大学出版社
汉语及语言学编辑部
2015年6月

前 言
PREFACE

"汉语口语速成"是为短期来华留学生编写的,以培养学生口语交际技能为主的一套系列课本。全套课本共分 7 册,分别适应具有"汉语水平等级标准"初、中、高三级五个水平的留学生的短期学习需求。

编写这样一套系列课本主要基于以下几点考虑:

1. 短期来华留学生具有多水平、多等级的特点,仅仅按初、中、高三个程度编写教材不能完全满足学生的学习需求和短期教学的需求,细化教学内容、细分教材等级,并且使教材形成纵向系列和横向阶段的有机结合,才能使教材具有更强的适应性和针对性。

2. 短期教学的短期特点和时间上高度集中的特点,要求我们在教学上要有所侧重,在内容上要有所取舍,不必面面俱到,所以短期教学的重点并不是语言知识的系统把握和全面了解,而是要注重听说交际技能的训练。这套课本就是围绕这一目的进行编写的。

3. 短期教学要充分考虑到教学的实用性和时效性,要优选与学生日常生活、学习、交际等方面的活动有直接联系的话题、功能和语言要素进行教学,并且要尽量使学生在每一个单位教学时间里都能及时地看到自己的学习效果。因此,我们试图吸收任务教学法的一些经验,力求每一课内容都能让学生掌握并应用一项或几项交际项目,学会交际中所应使用的基本话语和规则,从而顺利地完成交际活动。

4. 教材应当把教师在教学中的一些好经验、好方法充分体现出来。在提供一系列学习和操练内容的同时,还应当在教学思路、教学技巧上给使用者以启示。参与这套教材编写的人员都是有多年教学经验,并且在教学上有所创新的青年教师,他们中有多人都曾获得过校内外的多个教学奖项。我们希望这套教材能够反映他们在课堂教学上的一些想法,与同行进行交流。

5. 编写本套教材时,我们力求在语料选取、练习形式等方面有所突破。尽量选取并加工真实语料,增加交际性练习内容,使用图片、实物图示等手段丰富教材信息,增加交际实感,体现真实、生动、活泼的特点。

"汉语口语速成"系列课本包括《入门篇》(上、下册)、《基础篇》(上、下册)、《提高篇》《中级篇》《高级篇》7 本。

1. 入门篇（上、下册）

适合零起点和初学者学习。两册共30课，1—5课为语音部分，自成系统，供使用者选用。6—30课为主课文，涉及词汇语法大纲中最常用的词汇、句型和日常生活、学习等交际活动中最基本的交际项目。

2. 基础篇（上、下册）

适合具有初步听说能力，掌握汉语简单句型和800个左右词汇的学习者学习。两册共25课，涉及大纲中以乙级词汇为主的常用词、汉语特殊句式、复句以及日常生活、学习、社交等交际活动的简单交际项目。

3. 提高篇

适合具有基本的听说能力，掌握汉语一般句式和主要复句、特殊句式及1500个词汇的学习者学习。共24课（含4课复习），涉及以重点词汇为主的乙级和丙级语法内容和词汇；涉及生活、学习、社交、工作等交际活动的一般性交际项目。

4. 中级篇

适合具有一般的听说能力，掌握2500个以上汉语词汇以及一般性汉语语法内容的学习者学习。共14课，涉及以口语特殊格式、具有篇章功能的特殊词汇为主的丙级与丁级语法和词汇以及基本的汉语语篇框架；涉及生活、学习、工作、社会文化等方面较复杂的交际项目。

5. 高级篇

适合具有较好的听说能力，掌握3500个以上汉语词汇，在语言表达的流利程度、得体性、复杂程度等方面具有初步水平的学习者学习。共20课，涉及大纲中丁级语法项目和社会文化、专业工作等内容的复杂交际项目，注重训练学习者综合表达自己的态度见解和分析评判事情的能力。

"汉语口语速成"系列课本适合以6周及6周以下为教学周期的各等级短期班的教学使用，同时也可以作为一般进修教学的口语技能课教材和自学教材使用。

编者

目 录

第1课　我们认识一下，好吗　　　　　　　　　　　　　　　　**1**

注释　NOTES
1　我们这就算认识了
2　有什么问题或要求，尽管对我说
3　你叫——叫什么来着
4　所以我一下子就记住了
5　我的记性并不差，……
6　对了，那天我们是一起办入学手续的

第2课　健康第一　　　　　　　　　　　　　　　　　　　　　**9**

注释　NOTES
1　我总是坚持不下来
2　这一次希望你能坚持下去
3　别提多难受了
4　医生说非住院不可
5　只是皮肉受伤，不至于要住院吧
6　以后可千万小心点儿

第3课　好东西人人爱吃　　　　　　　　　　　　　　　　　　**18**

注释　NOTES
1　我吃惯了海鱼，吃不惯淡水鱼
2　看来这个餐厅的菜都不合你的口味儿
3　我一个人要么在单位的食堂吃，要么回家随便弄点儿吃的
4　一个人怎么都好说
5　不过，也有做砸的时候
6　今天肯定让你大饱口福
7　你还有两下子

| 第4课 | 这种款式适合我吗 | 26 |

注释 NOTES
1 再合适不过了
2 到底是哪儿不对劲儿
3 打上了我的蓝地白点的领带
4 不是看不上，就是买不起
5 不是看不上，就是买不起
6 事先都要研究一番

| 第5课 | 你喜欢逛商店吗 | 34 |

注释 NOTES
1 我来看看有什么可买的没有
2 想买些礼物，好带回去送人
3 我把所有的大家具店都跑遍了
4 除非定做，或者请你的家人从日本寄过来
5 好不容易才选中这套沙发
6 说得过去吧

| 复习一（第1~5课） | 我来介绍一下 | 43 |

| 第6课 | 生活有时就是琐碎的 | 49 |

注释 NOTES
1 我猜十有八九你不喜欢做这类事情
2 说不定什么时候又好了，时好时坏
3 哪儿啊，才买了一年多
4 这得花一大笔钱不说，还不一定能找到……
5 一个人怎么忙得过来呢
6 慢慢来嘛
7 他只不过把脏衣服放到洗衣机里，再按几下开关罢了

| 第7课 | 让我们轻松一下 | 58 |

注释 NOTES
1 可是玩儿一次好几天歇不过来
2 为了保险起见，我们最好先上网查一查
3 我们最好先上网查一查，省得白跑一趟
4 到了午夜就去吃夜宵，接着再去打保龄球
5 出去玩儿吧，不容易找到伴儿；……看书吧，又看不下去

第8课　计划赶不上变化　　　　　　　　　　　　　　　　**65**

注释 NOTES

1. 不光可以去青岛，还可以去曲阜孔庙
2. 说说看
3. 当晚再坐长途卧铺汽车去曲阜
4. 准得把人累个半死
5. 准得把人累个半死
6. 我怕万一计划落空，就特地做了两手准备
7. 跟我在马来西亚工作的朋友也打了声招呼

第9课　大手大脚还是精打细算　　　　　　　　　　　　　　**72**

注释 NOTES

1. 长大了，我还是攒不下钱来
2. 我喜欢让自己过得舒服一点儿，干吗跟自己过不去呢
3. 我喜欢让自己过得舒服一点儿，干吗跟自己过不去呢
4. 就靠你那点儿工资，等你攒够了，房价也早就涨上去了
5. 要不你永远住不上自己的房子
6. 即使我们将来收入下降……，我们的孩子也能……完成高等教育
7. 此外，我们每月还有一部分钱用于房子的分期付款，……

第10课　我想咨询一下　　　　　　　　　　　　　　　　　**80**

注释 NOTES

1. 要说待遇，相当不错
2. 船上的条件到底怎么样呢
3. 可以说跟五星级宾馆没有两样
4. 可以说跟五星级宾馆没有两样

复习二（第6～10课）　我的新房子　　　　　　　　　　　**86**

第11课　有话好商量　　　　　　　　　　　　　　　　　　**94**

注释 NOTES

1. 有话好商量
2. 可是我们一时找不到别的住处
3. 再说，我们就多住一两个星期
4. 你这不是让我两头为难吗
5. 真拿你们没办法
6. 我拜读过您的大作《唐代文学史》，很受启发
7. 我有几个问题想当面向您请教，所以，冒昧地给您打电话

第12课　我们生活在人群里　　　　103

注释 NOTES

1 所以免不了会闹矛盾
2 所以免不了会闹矛盾
3 你不妨当面跟他说说
4 什么事，竟然让你失眠了
5 真不像话
6 可是我怕说了会惹他不高兴

第13课　特别的经历　　　　111

注释 NOTES

1 星期五按理说应该上课，……
2 可是车走着走着，突然抛锚了
3 他的车以前从来没出过毛病，偏偏今天坏了
4 不是所有的公司都只凭第一印象判断人的
5 可是不知怎么的，有一本比较薄的杂志夹在我的大本子里，没有放回去
6 他们都以为我要偷杂志，弄得我非常尴尬
7 我今天差点儿来不了了
8 我明明把身份证放在了外衣的口袋里
9 我们赶紧去看，果然在车的座位下面

第14课　我想去旅行　　　　120

注释 NOTES

1 出去肯定是要出去，至于去什么地方，还没想好
2 一来呢，天气不冷不热……二来呢，……三来呢，……
3 天池一片白色，什么也看不清楚
4 一个人坐火车，坐那么长时间多闷得慌啊
5 旁边旅客多的是
6 那倒是
7 一个人旅行毕竟有点儿孤单

第15课　谁能说自己不喜欢艺术　　**128**

注释 NOTES
1 总之，我比较喜欢流行音乐
2 那倒值得一看
3 我们想到一块儿去了
4 没劲

复习三（第11~15课）　昨天我有个约会　　**137**

第16课　轻轻松松挣大钱　　**142**

注释 NOTES
1 如果要我在两者之间选择，我宁可选择待遇高的
2 但是我觉得人应该趁年轻努力工作，打下基础
3 如果你每天都是硬着头皮去上班……
4 不要说他的父母觉得大祸临头，连我这个当作家的舅舅，也觉得玩儿摇滚很难谋生
5 何必要快乐呢
6 一旦你换了一次工作，你就不在乎第二次、第三次了

第17课　永远的爱情永远的家　　**151**

注释 NOTES
1 随着社会发展，对于单身还是结婚，人们的选择已经越来越开放了
2 可是一旦你的妻子发现你是在撒谎，不是反而更伤害她吗
3 但是我劝人们想开一点儿
4 如果他连谎也懒得撒了，说明他就真的不爱你了
5 就拿我的老板来说
6 几乎每天都是夜里十一二点回家，有时甚至更晚
7 时间长了，难免不会有外遇，也难免缺乏感情上的交流和沟通

第18课　地球村　　**159**

注释 NOTES
1 我一方面是想练习说话，一方面是想交朋友
2 不过关键还要看个人的努力
3 他们彼此体会得出来
4 昨天我还在街上看见两个中国人为一件小事吵得不可开交呢
5 越了解那个国家，越能发现这一点

第19课　我们的生活　　168

注释 NOTES
1 幸亏我出来得早，不然准得迟到
2 应该早点儿想办法，等问题到了无法解决的地步就晚了
3 可是有的地区照样有这样的问题
4 路修得越多，买车的人越多，所以干脆不修了
5 反正修再多的路也没用

第20课　今天有什么新闻　　176

注释 NOTES
1 据专家们说，是厄尔尼诺现象造成的
2 使气候异常变暖，从而造成干旱、火灾等
3 这些企业投资过猛，规模过大，结果无法偿还银行贷款
4 贿赂往往是获得合同或贸易的前提
5 更令人惊奇的是，居然还有人买

复习四（第16~20课）　国际婚姻　　184

生词总表　　189

第1课 我们认识一下，好吗

我们每天都要跟各种各样的人打交道。怎么自我介绍，怎么认识别人？希望你能让别人喜欢你，能交到更多的朋友！

生词 NEW WORDS

1	各种各样	gè zhǒng gè yàng		all kinds of
2	打交道	dǎ jiāodao		to make contact with
3	自我介绍	zìwǒ jièshào		to introduce oneself
4	性格	xìnggé	名	character
5	开朗	kāilǎng	形	optimistic, sanguine
6	开玩笑	kāi wánxiào		to make jokes
7	过头	guòtóu	形	going too far, overdoing it
8	加入	jiārù	动	to join
9	正式	zhèngshì	形	formal
10	人事	rénshì	名	personnel matters
11	负责	fùzé	动	to be in charge of
12	派	pài	动	to send
13	接待	jiēdài	动	to receive, to entertain
14	尽快	jǐnkuài	副	as soon as possible
15	熟悉	shúxi	动	to get familiar with

16	进入	jìnrù	动	to take on
17	岗位	gǎngwèi	名	post
18	部门	bùmén	名	department
19	报到	bào dào		to register
20	算	suàn	动	to regard as
21	尽管	jǐnguǎn	副	freely
22	尽力	jìn lì		to try one's best
23	来着	láizhe	助	(used at the end of affirmative sentences or special questions to indicate a past action or state)
24	适应	shìyìng	动	to get used to
25	唯一	wéiyī	形	only
26	一下子	yíxiàzi	副	in a short time
27	记住	jìzhù	动	to remember
28	面熟	miànshú	形	to look familiar
29	印象	yìnxiàng	名	impression
30	手续	shǒuxù	名	formalities

专名

| | 瑞典 | Ruìdiǎn | | Sweden |

课文 TEXTS

 下面我来做个自我介绍

我叫马丁，我是从瑞典来的。瑞典的冬天很冷，可我却是个性格开朗、非常热情的人。我喜欢交朋友，还爱开玩笑，有时候可能有点儿过头，希望大家别生我的气。我介绍完了。

2 欢迎加入三T公司

大家好！从今天起，你们就是三T公司的一员了，欢迎你们加入三T公司。在正式上班以前，让我们先互相认识一下。我是公司人事部经理，姓李，负责公司人事工作。公司派我来接待你们，帮助你们尽快熟悉环境，进入工作岗位。我先领你们参观一下公司，和各部门负责人见一下面，然后你们就可以到各部门报到上班了。好了，我们这就算认识了，[1]有什么问题或要求，尽管对我说，[2]我一定尽力帮助大家。

3 你叫——叫什么来着[3]

昆丁：你好！

马丁：你好！八点上课太早了，我真不习惯这么早起床。

昆丁：第一天上课有点儿不习惯，慢慢就适应了。昨天我听你自己介绍说，你叫马丁，瑞典人，对不对？

马丁：没错，你的记性真好！

昆丁：你是班里唯一的瑞典人，所以我一下子就记住了。[4]

马丁：我的记性并不差，[5]可就是记不住别人的名字。常常觉得一个人面熟，却叫不出名字来。

昆丁：那你肯定也叫不出我的名字吧？

马丁：我有点儿印象，你是第一个做自我介绍的，你叫——叫什么来着？真对不起，我一下子想不起来了。

昆丁：我叫昆丁，英国人，"昆明"的"昆"，"甲乙丙丁"的"丁"。

马丁："昆明"的"昆"，"马丁"的"丁"，哈哈，我记住了。希望我们能成为朋友。

4 我们这就算认识了

（克雷门和傅华夫在校园中相遇）

克雷门：你好！我打听一下，主楼怎么走？

傅华夫：我正要去那儿，你跟我走吧。

克雷门：那太感谢了。我是新来的，对这儿的环境一点儿也不熟悉。

傅华夫：哎，我好像在哪儿见过你。对了，那天我们是一起办入学手续的。[6]

克雷门：对！对！我也有印象。怪不得我也觉得你面熟呢！我叫克雷门。怎么称呼你呢？

傅华夫：我叫傅华夫，你就叫我华夫好了。我们这就算认识了！我是第二次来，对这儿比较熟悉，有什么困难尽管来找我好了。我住14号楼403。

克雷门：太巧了，我也住14号楼，506，欢迎你有空儿去玩儿。

注释 NOTES

1 我们这就算认识了

"算"，被认为是，可以说是，这里表示对事实的判断和确定。例如：

① A：你是不是去桂林了？

B：你算猜对了，我就是去桂林了。

② 苹果十块钱一斤在这儿算便宜的。
③ 今天不算冷。

2 有什么问题或要求，尽管对我说

"尽管"，意思是可以随便、放心地去做。例如：
① 还有很多，你尽管吃吧。
② 有什么困难，你尽管来找我。
③ 有什么要求，尽管提好了。

3 你叫——叫什么来着

"来着"，助词，用于句尾，大致有两种情况。一是用于对以前提到过的某个信息，因为忘了或者不太确定，进行提问。例如：
① 昨天我们看的那部电影是什么来着？
② 那个演员叫什么来着？我又忘了。
③ 我们上次去是星期几来着？
另外一种用法，相当于"了"。例如：
① 上周末我们去天津来着。
② 昨晚你没做作业，干什么来着？

4 所以我一下子就记住了

"一下子"，表示一次动作或者很短的时间。例如：
① 你怎么一下子买这么多东西？
② 我恨不得一下子把这么多好吃的都吃完。
③ 我恨不得一下子就能学好汉语。

5 我的记性并不差，……

"并"，用在"不""没"等否定词的前面，强调实际情况和人们看到的、想象的不一样。例如：

① 这篇课文生词虽然很多，可并不难。
② 他看起来很老，实际年龄并不大。
③ 她说的是假话，她并没有去过那里。

6 对了，那天我们是一起办入学手续的

"对了"，用在一个句子的开头，表示突然想起来什么事情。例如：
① 对了，冰箱里还有一瓶啤酒呢。
② 对了，今天我还得去医院呢。

练习 EXERCISES

词语练习

1. 给下列每个句子增加一个副词或助词，要求不改变句意

（1）我不喜欢跑步，是医生叫我这么做的。

（2）你猜对了！这张照片真的是在桂林拍的。

（3）有事来找我。

（4）刚才你说什么？我没听清楚。

2. 用课文中的词语替换下列句子的画线部分，要求意思不变

（1）我会<u>很快</u>给你回信的。

（2）很快你就会<u>习惯</u>这里的生活。

（3）他马上就明白了老师的意思。

（4）我觉得好像在哪儿见过你。

3. 根据课文和括号里的提示词，用一句话完成下面的练习

（1）告诉朋友，他有困难时你可以帮他。（尽管，尽力）

（2）你的朋友刚到中国，很想家，你安慰他。（习惯，适应）

（3）朋友一下子就记住了你的电话号码，你夸奖他。（记性）

（4）你和朋友昨晚看了场电影，可是你忘了电影的名字，现在问他。（来着）

4. 选择合适的语句完成对话

- 有事请跟我联系
- 你叫我××好了
- 我们这就算认识了
- 欢迎有空儿来玩儿
- 有什么问题尽管找我好了

（1）A：你住校内还是校外？
　　 B：我住校内16楼207，_____。

（2）A：请问产品出了质量问题怎么办？
　　 B：这是我的名片，_____。

（3）A：我叫章力，"文章"的"章"，"力气"的"力"。
　　 B：我叫白马克，_____。

（4）A：我叫章力，认识你很高兴。
　　 B：我叫白马克，_____，希望以后我们能成为朋友。

口头报告

1. 请你做一个自我介绍,要尽可能给别人留下比较深的印象。
2. 假定你是一位老师,在开学第一天向学生介绍你自己。
3. 假定你是一位公司经理,在新职员上班第一天向他们讲话。

对话练习(提示:先根据要求设计对话,然后口头练习)

1. 内容:你碰到一个人,觉得好像在哪儿见过他,跟他谈话,互相介绍、认识。
   角色:两个不认识的人。
   词语:面熟 印象 对了 这就算认识了 希望我们成为朋友……

2. 内容:你在外地的朋友请你去看看他正上大学的弟弟或妹妹(你从来没见过这个朋友的弟弟或妹妹)。
   角色:一个人和他朋友的弟弟或妹妹。
   词语:自我介绍 这就算认识了 尽管 尽力

有兴趣你就试一试

去认识或进一步了解一位你不认识或不太熟悉的同学或老师,也让他(她)了解一下你。

第 2 课 健康第一

如果你常常没精神，
如果你很容易生病，
你就不能好好儿享受生活。
所以我要对你说——健康第一。

生词 NEW WORDS

1	秘诀	mìjué	名	secret (of success)
2	坚持	jiānchí	动	to persist in
3	三天打鱼，两天晒网	sān tiān dǎ yú liǎng tiān shài wǎng		to lack perseverance
4	脸色	liǎnsè	名	complexion
5	毛病	máobìng	名	illness
6	犯	fàn	动	to have a recurrence of
7	治	zhì	动	to cure
8	见效	jiànxiào	动	to work effectively
9	临时	línshí	副	temporarily
10	止疼片	zhǐténgpiàn	名	pain-killer, analgesic
11	副作用	fùzuòyòng	名	side effect
12	实在	shízài	副	really
13	住院	zhù yuàn		to be in hospital

14	山坡	shānpō	名	mountain slope
15	滚	gǔn	动	to roll, to trundle
16	摔	shuāi	动	to fall
17	骨折	gǔzhé	动	to fracture
18	皮肉	píròu	名	skin
19	至于	zhìyú	动	to get so far as to
20	伤口	shāngkǒu	名	wound
21	发炎	fāyán	动	to become inflamed
22	皮肤	pífū	名	skin
23	任何	rènhé	代	any
24	补药	bǔyào	名	tonic
25	人参	rénshēn	名	ginseng
26	种类	zhǒnglèi	名	kind
27	用途	yòngtú	名	use
28	广	guǎng	形	wide, numerous

课文 TEXTS

说起来容易，做起来难

（小田和小方是同屋）

小田：你的身体真棒！有什么秘诀吗？

小方：很简单，就是吃好，睡好，坚持锻炼。

小田：说起来容易，做起来难啊！就说锻炼吧，我总是坚持不下来。[1]

小方：要锻炼就不能三天打鱼，两天晒网。

小田：好吧，从下个星期开始，我每天坚持锻炼半个小时。

小方：这一次希望你能坚持下去。[2]

2 疼得我什么也干不了

（刘老师和陈教授在同一所大学工作）

刘：你脸色怎么这么不好？是不是哪儿不舒服？

陈：昨天老毛病又犯了，失眠，头疼，疼得我什么也干不了，别提多难受了！[3]

刘：现在好点儿了吗？

陈：好多了，基本上不疼了。

刘：这个毛病可不好治。

陈：可不是嘛！我什么药都试过了，都不见效，只好临时吃点儿止疼片。

刘：止疼药吃多了不好，有副作用。

陈：那有什么办法呢？疼得实在受不了，只能吃。

刘：平时多注意点儿吧，好好儿保养会好点儿。

3 医生说非住院不可[4]

（小沈和小高是好朋友）

小高：好久不见，你去哪儿玩儿了？

小沈：医院。我住了一个星期医院，刚出院。

小高：住院了？什么病？严重吗？

小沈：没什么，上个星期跟朋友去爬山，不小心从山坡上滚下来，摔伤了。

小高：骨折了？

小沈：没有，但是皮肉受了几处伤，流了很多血。

小高：只是皮肉受伤，不至于要住院吧？[5]

小沈：可是伤口发炎了，医生说非住院不可。

小高：现在恢复得怎么样了？

小沈：没问题了，又可以爬山了。

小高：以后可千万小心点儿！[6]

4 没病也吃药

为了追求"更好"的生活，今天的人们没病也吃药。

想要强壮的身体吗？想要美丽的皮肤吗？想变得更聪明一点儿吗？你可以买到你想买的任何药。

这些药就是人们常说的补药，不治什么病，但是也可以说什么病都治。

从古代开始，中国人就相信人参可以使人身体强壮，人参恐怕是最传统的补药了。和古代比起来，现代人的补药种类更多，用途更广。补药真的能给我们带来更好的生活吗？

注释 NOTES

1 我总是坚持不下来

"下来"，可表示过去做的事持续到说话的时间或过去某一时刻。例如：

① 别人都走了，只有我一个人留下来了。

② 那处古建筑没有保存下来。

③ 他参加3000米长跑比赛时，突然肚子疼，可是他忍住疼痛，坚持下来了。
④ 我总想练练书法，可总是坚持不下来。

2 这一次希望你能坚持下去

"下去"，可表示正在做的或将要做的事持续到将来某一时刻。例如：
① 不管多难，你也要学下去。
② 这本书太没意思了，我看不下去。
③ 以前我每次开始减肥都坚持不下来，这一次我一定坚持下去。

3 别提多难受了

"别提多……了"，表示程度特别高。例如：
① 昨天我们从八点一直玩儿到十二点，别提多开心了！
② 颐和园别提多美了。
③ 护照丢了，我心里别提多着急了！

4 医生说非住院不可

"非……不可"，在这里的意思是"必须、一定、得……"。例如：
① 要想学好汉语，非学好汉字不可。
② 要想提高听力，非多听不可。
此外，"非……不可"还有"一定会、一定要"的意思。例如：
③ 你穿这么少出去，非感冒不可。
④ 我今天中午非吃中国菜不可。

5 只是皮肉受伤，不至于要住院吧

"至于"，在这里是动词，常用否定形式"不至于"，或用于反问句，表示事情不会严重到某个程度。例如：
① 他们不至于为这么点儿小事就吵架吧？

② 为吃一顿饭跑这么远，至于吗？
③ A：他病得不能起床了。
　　B：我看他不至于病成这样。

6 以后可千万小心点儿

"千万"，用于祈使句，加强语气。例如：
① 明天的考试很重要，你千万别迟到。
② 你千万要记住，这两种药不能一起吃。
③ 开车时千万要小心！

练习 EXERCISES

词语练习

1. 选择"下来"或"下去"填空

（1）上次比赛她因为体力不足没有坚持_____。
（2）我实在坚持不_____了，我想休息一会儿。
（3）一定要坚持_____！坚持到底就是胜利。
（4）我以为我肯定不行，没想到还真坚持_____了。

2. 用"别提多……了"完成对话

（1）A：昨天的考试难不难？
　　B：_____。
（2）A：你们昨天玩儿得高兴吗？
　　B：_____。
（3）A：我们喜欢的球队输了，你难过不难过？
　　B：_____。

（4）A：你见过她的孩子吗？她孩子什么样？

　　　B：见过，_____！

3. 用"非……不可"改写句子

（1）酒后开车肯定要出事故的。

（2）要想学好汉语，必须努力学习。

（3）这个孩子一定要吃巧克力。

（4）她一定要我陪她去。

（5）你这样下去早晚会出事的。

4. 根据括号里提示的意思，用"至于"完成对话

（1）A：这个孩子气死我了，我非打他一顿不可。

　　　B：_____。（不必跟小孩子生这么大的气）

（2）A：小王感冒住院了。

　　　B：_____？（感冒用不着住院）

（3）A：我们俩为这件事还吵了一架。

　　　B：这么点儿小事，_____。（不值得）

口头报告

1. 你认为怎样才能保持健康？
2. 你相信补药吗？

对话练习

1. 模仿课文1的方式进行下列内容的对话：
   （1）询问与介绍学习方法。
   （2）询问与介绍保持好身材的方法。
   　　　A：……有什么秘诀吗？
   　　　B：很简单，就是……
   　　　A：说起来容易，做起来难啊。就说……，我总是……
   　　　B：要……就不能……
   　　　A：好吧，我以后每天坚持……
   　　　B：希望你能坚持下去。

2. 内容：朋友生病了，询问病情并安慰病人。
   角色：两个朋友。
   词语：好点儿了　好多了　恢复　注意　保养　千万

有兴趣你就试一试

学看药品说明书。
[1]

消毒药水

作用与用途：消毒、防腐药。

用法与用量：外用，涂抹于患处，或配1%溶液浸泡。

注意事项：对碘过敏者慎用。

贮藏：密封、避光，放于阴凉干燥处。

[2]

黄连素

作用与用途:抗菌药,用于腹泻、肠炎。
用法与用量:口服,一次0.1~0.3g;一日0.3~0.9g。
贮藏:密闭保存。

问题:1. 第一种药可以吃吗?
　　　2. 第二种药治什么病?

第3课 好东西人人爱吃

好东西人人爱吃，可是光会吃还不行，还要会说。到了餐厅怎么点菜？怎么向别人说你喜欢吃什么？等你们学会了，我请你们尝尝我的手艺。

生词 NEW WORDS

1	光	guāng	副	only
2	点菜	diǎn cài		to order dishes
3	手艺	shǒuyì	名	cooking
4	胃口	wèikǒu	名	appetite
5	请客	qǐng kè		to invite somebody to dinner
6	菜单	càidān	名	menu
7	指	zhǐ	动	to refer to
8	推荐	tuījiàn	动	to recommend
9	口味（儿）	kǒuwèi(r)	名	the flavor of food
10	清蒸	qīngzhēng	动	steamed in clear soup
11	鲈鱼	lúyú	名	a kind of fish
12	清淡	qīngdàn	形	light
13	可口	kěkǒu	形	delicious
14	淡水鱼	dànshuǐyú	名	freshwater fish

15	道	dào	量	*a measure word for courses in a meal*
16	重	zhòng	形	strong (in flavor)
17	腻	nì	形	oily
18	麻婆豆腐	mápó dòufu		Mapo Tofu
19	速冻	sùdòng	动	to quick-freeze
20	采购	cǎigòu	动	to purchase
21	荤	hūn	形	meat or fish
22	素	sù	形	vegetable
23	炖	dùn	动	to stew
24	排骨	páigǔ	名	spare ribs
25	红烧	hóngshāo	动	to be braised in soy sauce
26	清炒	qīngchǎo	动	to saute with little oil
27	凉拌	liángbàn	动	to cook dishes which are cold and dressed with sauce
28	砸	zá	动	to fail
29	埋怨	mányuàn	动	to blame
30	懒得	lǎnde	动	not to feel like
31	大饱口福	dà bǎo kǒufú		to have a very good dinner

课文 TEXTS

1 今天我没有胃口

（保罗和木村来到一家餐馆）

保罗：想吃什么随便点，今天我请客！

木村：我一看菜单就头晕，我不知道这些菜名指的都是什么菜。我们请服务员小姐推荐一下吧。

保罗:别!她们肯定向你推荐最贵的菜,还不一定合我们的口味。我来点。清蒸鲈鱼怎么样?清淡可口,很好吃。

木村:是淡水鱼吧?我吃惯了海鱼,吃不惯淡水鱼。[1]

保罗:那水煮牛肉呢?他们这儿虽然不是川菜馆儿,可是这道菜做得非常地道。

木村:我吃过一次,味儿太重,油太多,有点儿腻。

保罗:那我们要个麻婆豆腐?

木村:我吃不惯麻味儿。

保罗:看来这个餐厅的菜都不合你的口味儿,[2]我们换一家吧。

木村:不是不合我的口味儿,是我今天没胃口。

2 结婚以后天天下厨房

结婚以前我很少做饭,结婚以后天天下厨房,为丈夫和自己准备一日三餐。早饭最简单,烤几片面包,热两杯牛奶,就可以了。午饭丈夫不回家,我一个人要么在单位的食堂吃,要么回家随便弄点儿吃的。[3]煮包方便面啦,煮半袋速冻饺子啦,一个人怎么都好说。[4]晚饭可就要花大力气准备了,采购、洗、切、做,每天要花一两个小时。一般是三个菜,一荤两素。荤菜通常是炖牛肉、炖排骨或者红烧鱼、清蒸鱼什么的,素菜是一个清炒蔬菜加一个凉拌菜。主食是米饭。汤常常省去不做，因为丈夫不爱喝汤。我做菜的手艺还可以，至少丈夫比较满意。不过，也有做砸的时候，[5]那个时候，如果他埋怨，我就说："不满意的话你做！"他马上就不出声了。

3 今天让你尝尝我的手艺

妻子：菜都买好了，谁做？今天我可懒得动。

丈夫：好吧，今天我来下厨房，让你尝尝我的手艺。不过要是做砸了，你可不许埋怨我。

妻子：只要能吃就行。

丈夫：瞧我的吧。

（一个小时以后）

丈夫：菜来了，今天肯定让你大饱口福！[6]

妻子：哇，真看不出，你还有两下子！[7]（尝了尝）哎呀，太咸了，你放了多少盐？

注释 NOTES

1 我吃惯了海鱼，吃不惯淡水鱼

"动词+惯""动词+得/不+惯"，表示人们是否习惯接受某人或某事。例如：

① 我喝不惯外国酒。
② 他的父母看不惯他穿这种衣服。
③ 你睡惯了软床，睡得惯这么硬的床吗？

2 看来这个餐厅的菜都不合你的口味儿

"看来",根据已经知道的情况估计、推断。例如:

① 快下班了工作才干了一半,看来今天又要加班了。

② 约好八点见面,现在都八点半了还没来,看来今天他不会来了。

3 我一个人要么在单位的食堂吃,要么回家随便弄点儿吃的

"要么……,要么……",强调只有所说的这几种选择。例如:

① 要么你去,要么我去,两个人都去不大可能。

② 要么坐飞机去,要么不去。

4 一个人怎么都好说

"好说",习惯用语,表示容易解决,容易办到。例如:

① 想吃韩国菜好说,门口就有一家韩国餐厅。

② 钱好说,我可以借给你,可是住的地方我解决不了。

5 不过,也有做砸的时候

"砸",习惯用语,意为失败,没有成功。单独使用,或者跟在动词后面。例如:

① A:考得怎么样?

B:砸了!好几道题都没做完。

② 这回我考砸了,好几道题都没做完。

③ 这场戏演砸了,演员说错好几句话。

6 今天肯定让你大饱口福

"大饱口福",吃到很好吃的东西。例如:

① 你做的菜个个都好吃,今天真是让我大饱口福了。

② 秋天来我们这儿吧,正是吃螃蟹的季节,可以让你大饱口福。

7 你还有两下子

"有两下子"，习惯用语，表示做事情很拿手，水平高。例如：
① 他游泳有两下子。
② 没想到他的书法还有两下子。
③ 他下棋有两下子。

练习 EXERCISES

词语练习

1. 用课文中的词语替换下列句子的画线部分，要求意思不变

（1）今天的菜<u>我喜欢吃</u>。

（2）我感冒了，<u>不想吃东西</u>。

（3）A：可以借我一点儿钱吗？
　　　B：<u>没问题</u>，你要多少？

（4）他把事情搞<u>糟</u>了。

（5）他打<u>篮球很拿手</u>。

2. 用"动词+惯"完成对话

（1）A：我们去吃涮羊肉怎么样？
　　　B：_____。
（2）A：_____。
　　　B：还可以，这酒味道还不错。

（3）A：这双高跟鞋多漂亮啊！买一双吧！

B：跟儿太高，_____。

3. 用课文中的词语回答问题

（1）今天你想吃什么？

（2）你为什么不喜欢吃这个菜？

（3）今天你怎么吃得这么少？

（4）今天你来做饭好不好？

（5）你做的饭好吃吗？

口头报告

1. 你喜欢吃什么样的饭菜？介绍一下你的口味。
2. 介绍一下你们国家一般人的饮食习惯。

对话练习

内容：和朋友商量着点菜（下附菜单）。

角色：两个朋友。

词语：口味 惯 腻 可口 推荐……

凉　菜
凉拌海带丝…………………9元
小葱拌豆腐…………………8元
皮蛋豆腐……………………10元

凉拌苦瓜	12元
鸡丝黄瓜	13元
四川泡菜	6元

热　菜

铁板牛柳	28元
红烧茄子	18元
宫爆鸡丁	20元
松鼠桂鱼	98元
家常豆腐	16元
蒜茸豆苗	15元

有兴趣你就试一试

学做一道家常菜"鱼香菜心"。

[材料] 嫩油菜500克。

[调料] 花生油35克，酱油10克，味精2克，精盐2克，水淀粉20克，葱、姜、蒜、米醋、白糖共50克，四川豆瓣酱5克。

[做法] 把油菜洗净，切成3厘米长的段。葱、姜、蒜切成末。把白糖、米醋、酱油、味精、精盐、水淀粉调成汁。把20克油放到锅里烧热，然后把油菜放到锅里炒一炒，等菜变了颜色马上盛出来放在盘子里。锅里再放油15克烧热，把豆瓣酱、葱、姜、蒜一起放入锅中，等有了香味，再把调好的酱油、醋汁放到锅里炒一炒，最后把盘里的油菜再放到锅里炒几下就做成了。

第4课 这种款式适合我吗

——这种款式适合我吗?
——再合适不过了![1]

生词 NEW WORDS

1	款式	kuǎnshì	名	style, pattern
2	适合	shìhé	动	to fit
3	号	hào	名	size
4	大方	dàfang	形	tasteful
5	做工	zuògōng	名	workmanship
6	精细	jīngxì	形	exquisite
7	名牌儿	míngpáir	名	famous brand
8	风衣	fēngyī	名	windcheater
9	纯毛	chúnmáo	名	pure wool
10	挡	dǎng	动	to keep out
11	干洗	gānxǐ	动	to dry-clean
12	化纤	huàxiān	名	chemical fiber

13	面料	miànliào	名	material for making clothes
14	防	fáng	动	to prevent
15	结实	jiēshi	形	druable
16	耐	nài	动	to be able to bear or endure
17	花色	huāsè	名	design and color
18	尺寸	chǐcùn	名	size
19	规定	guīdìng	名	to stipulate
20	标签	biāoqiān	名	tag, label
21	身高	shēngāo	名	height (of a person)
22	胸围	xiōngwéi	名	chest measurement
23	身材	shēncái	名	figure
24	型号	xínghào	名	type
25	条纹	tiáowén	名	streak
26	打	dǎ	动	to knot
27	领带	lǐngdài	名	tie
28	格子	gézi	名	check
29	袜子	wàzi	名	socks
30	时髦	shímáo	形	fashionable
31	搭配	dāpèi	动	to match
32	品位	pǐnwèi	名	taste
33	刮	guā	动	to shave
34	吹风	chuī fēng		to dry one's hair
35	风度翩翩	fēngdù piānpiān		to have an elegant and smart manner
36	明星	míngxīng	名	a celebrity, like movie star
37	指指点点	zhǐzhǐdiǎndiǎn	动	to gesticulate
38	在乎	zàihu	动	to mind

39	形象	xíngxiàng	名	image
40	场合	chǎnghé	名	occasion
41	一番	yìfān	数量	(process of an action)
42	眼光	yǎnguāng	名	sight

课文 TEXTS

1 我一般穿中号

（一位顾客在服装店选购衣服）

店员：这些是刚到店的新款服装，款式大方，做工精细，都是名牌儿。

顾客：这件风衣不错，什么料子的？

店员：纯毛的，又挡风又保暖。

顾客：纯毛的好是好，可是得到洗衣店干洗，太麻烦了。

店员：那您看看这种，最新的化纤面料，又防风又防雨，结实耐穿，用洗衣机洗就行。

顾客：这么多优点？款式、花色也挺多，哪种适合我？

店员：您可以都试试。您穿多大尺寸的？

顾客：我一般穿中号的，不知道中国的尺寸是怎么规定的？

店员：标签上写得很清楚，有身高、胸围，还有身材的型号，像您，穿这件"165/88A"的就可以。

2 到底是哪儿不对劲儿？[2]

那天我去参加晚会。

我穿上了我的灰色细条纹衬衫，
打上了我的蓝地白点的领带，[3]
穿好了我的深蓝格子的上装。
我的袜子是最时髦的羊毛袜。
我的服装搭配得最有品位。
出门之前我还刮了脸，吹了风。
我在镜子前左照右照，
风度翩翩，像个大明星。
可是一出门就有人盯着我，
指指点点，说说笑笑。
肯定有哪儿不对劲儿。
可到底是哪儿不对劲儿？
到底是哪儿呢？

3 不是看不上，就是买不起[4][5]

　　我比较在乎自己在别人眼里的形象，所以穿衣服很讲究。比如什么场合穿什么衣服，什么样的上衣跟什么样的裤子、裙子搭配，事先都要研究一番。[6]可是因为我的眼光太高，收入太低，商店里的衣服对我来说一般只有两类：不是看不上，就是买不起。所以我常常逛大半天商店什么也买不到。

注释 NOTES

1 再合适不过了

"再……不过了",意思是"非常……""最……"。例如:
① 要说北京的公园,颐和园再漂亮不过了!
② 我们都希望你来,你能来再好不过了!

2 到底是哪儿不对劲儿

"不对劲儿",习惯用语,意思是"不正常,有问题"。例如:
① 今天小李有点儿不对劲儿,平常总是笑嘻嘻的,今天一点儿笑容都没有。
② 我一看家门开着,里面却一个人也没有,就觉得有点儿不对劲儿。

3 打上了我的蓝地白点的领带

"蓝地白点",是指在蓝色上面有白色的点。

4 不是看不上,就是买不起

"不是……,就是……"有以下两种用法:
(1) 表示推断,强调所说两种情况必有一种。例如:
① 他不是美国人,就是英国人。
② 他们不是住八楼,就是住十楼。
(2) 表示列举,强调只有所列举的两种情况,不超出这个范围。课文中就是这一用法。又如:
① 我们班不是韩国人,就是日本人,没有欧美人。
② 他每天不是读书就是写文章,不干别的。

5 不是看不上，就是买不起

"看不上"，意思是因为没有达到自己的要求而不喜欢。肯定形式有"看得上"和"看上"。

① 他看上了一位姑娘，可姑娘却没看上他。
② 我看不上这种男人。
③ 人家那么有钱，看得上这种房子吗？

6 事先都要研究一番

"一番"，数量词，表示动量，表示花费比较大的力气和工夫做一次，例如"思考一番、讨论一番、找了一番"等等。

练习 EXERCISES

词语练习

1. 下列句子哪些用"合适"，哪些用"适合"

（1）你穿这件衣服真_____！
（2）这件衣服很_____你。
（3）我不_____穿这种衣服。
（4）你穿这件衣服再_____不过了！

2. 用"不是……就是……"回答问题

（1）你知道中国人口最多的是哪个城市吗？

（2）小王去哪儿了？

（3）家庭主妇每天都干什么？

（4）周末你怎么过？

（5）猜猜，我给你买什么礼物了？

（6）那个服装店衣服挺多的，你怎么没买？

3. 用"一次""一下""一番"填空

（1）我看了_____手表，4点整。
（2）我们一起看过_____电影。
（3）他看了_____，也没发现这两个东西有什么不同。
（4）我吃过_____烤鸭。
（5）他尝了_____，说不好吃。
（6）我们商量了_____，决定去上海。

4. 词语搭配练习，用直线连接词语

做工　　　　　结实
花色　　　　　大方
质地　　　　　合适
尺寸　　　　　时髦
款式　　　　　精细

口头报告

1. 从款式、颜色、图案、风格等几个方面介绍你的一件衣服。
2. 你喜欢穿什么样的衣服？
3. 介绍一下你们国家的人穿衣服的习惯，比如一般场合穿什么衣服，特殊场合穿什么衣服等等。

对话练习

内容：为一位朋友定做服装，向裁缝描述朋友对服装的款式、尺寸等的要求。
角色：顾客、裁缝。
词语：款式　尺寸　身高　腰围　胸围　料子　做工

分组讨论

话题：现在，人们都喜欢穿比较随便的衣服上班，对这个问题你是赞同还是反对？为什么？

第 5 课 你喜欢逛商店吗

十个女人有九个喜欢逛商店，十个男人有九个不喜欢逛商店。你呢？喜欢逛商店吗？

生词 NEW WORDS

1	参谋	cānmou	动	to give advice
2	开业	kāi yè		to start business
3	一律	yílǜ	副	without exception
4	打折	dǎ zhé		to sell at a discount
5	探亲	tàn qīn		to visit one's own family or relatives
6	拿定主意	nádìng zhúyi		to make up one's mind
7	主意	zhúyi	名	idea
8	在行	zàiháng	形	to know something well
9	实惠	shíhuì	形	useful
10	用具	yòngjù	名	utensils
11	电饭锅	diànfànguō	名	rice cooker
12	微波炉	wēibōlú	名	microwave oven
13	倒车	dǎo chē		to change trains or buses
14	用品	yòngpǐn	名	articles for use
15	被罩	bèizhào	名	quilt cover

16	被炉	bèilú	名	a kind of japanese table
17	毯子	tǎnzi	名	blanket
18	关节炎	guānjiéyán	名	arthritis
19	除非	chúfēi	连	unless
20	定做	dìngzuò	动	to customize
21	节俭	jiéjiǎn	形	frugal
22	舍得	shěde	动	to be willing to spend money or time on sth.
23	高档	gāodàng	形	high-grade
24	吓一跳	xià yí tiào		to scare
25	顶	dǐng	动	to equal
26	心疼	xīnténg	动	to show pity for unnecessary cost
27	故意	gùyì	副	intentionally
28	过季	guò jì		out of season
29	接受	jiēshòu	动	to accept

课文 TEXTS

1 请你给我参谋参谋，好吗

（小赵和小王是朋友，有一天在商店偶遇）

小赵：哎，这不是小王吗？来买东西？

小王：今天休息没什么事，听说这家商店刚开业，商品一律打八折，我来看看有什么可买的没有。[1]你呢？

小赵：我打算下个月回山东老家探亲，想买些礼物，好带回去送人。[2]

小王：买好了吗？

小赵：还差表哥的结婚礼物，逛了半天也没拿定主意买什么。你要是没事的话，请你给我参谋参谋，好吗？

小王：好啊，买礼物我在行。现在的年轻人比较喜欢实惠的东西，你最好买生活中用得上的，比如厨房用具什么的。

小赵：我刚才看了一些电饭锅、微波炉什么的，太贵，而且路上不好拿。我得倒两次车呢。

小王：那你买床上用品怎么样？比如床单、被罩什么的，又不太贵又好拿。

小赵：这个主意不错，我怎么就没想到呢？

2 你要买什么家具

木村：真奇怪，我把所有的大家具店都跑遍了，[3]也没买到我要买的家具。

保罗：你要买什么家具？

木村：我要买的家具叫被炉，是一种四周围着毯子、有电暖气的桌子，在日本，很多家庭冬天都用这种桌子。

保罗：啊，你说的是日本的家具啊。那没什么可奇怪的，如果这种家具是日本特有的，中国当然买不到。

木村：可是我的腿有严重的关节炎，冬天离不了这种桌子。

保罗：非要不可的话，除非定做，或者请你的家人从日本寄过来。[4]

3 你真有眼光

小刘：来看看我新买的这套沙发！

小胡：嘿！真不错！哪儿买的？

小刘：别提了！为了买沙发，我跑遍了所有的家具店，不是看不上，就是买不起，好不容易才选中这套沙发。[5]

小胡：你真有眼光！这套沙发无论样式、面料，还是做工，都挺不错。

小刘：说得过去吧。[6]

4 又打了七折

我的妈妈因为小时候家里穷，直到现在生活都很节俭。她从来不舍得买高档的东西，穿的、用的都是便宜货。可是我喜欢高档名牌儿，只要有钱我就买。妈妈听了价钱后常常吓一跳，她说我买一件的钱顶她买好几件的。

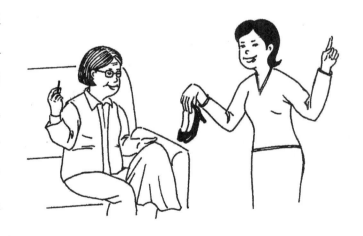

为了不让妈妈心疼，我常常故意把价钱说低一点儿。有一次商店里打折销售过季的名牌儿皮鞋，我买了一双，虽然是打了七折的价格，可是妈妈肯定还是不能接受，所以我告诉她价格时又打了七折。

注释 NOTES

1 我来看看有什么可买的没有

"可+动词+的",意思是"值得……的",常用的句式是"有／没什么可……的"。例如:

① 电视广告有什么可看的!
② 今天没什么可干的,大家休息吧。
③ 那儿有什么可玩儿的?

2 想买些礼物,好带回去送人

"……好……"中的"好"连接前后两个句子,前一个句子表示动作,后一个句子表示动作的目的。表示做前面的事情是为了或方便做后面的事情。例如:

① 今天晚上我们早点儿睡,明天好早点儿起。
② 你留下电话号码,我好通知你。
③ 你用完了把它洗干净,下次好用。

3 我把所有的大家具店都跑遍了

"遍",用在某些动词后面做补语,表示动作涉及到所有与动作相关的对象或处所。例如:

① 他找遍了房间也没找到护照。
② 我问遍了这儿所有的人,他们都说不知道。
③ 北京好玩儿的地方我都玩儿遍了。

4 除非定做,或者请你的家人从日本寄过来

"除非",强调某条件是唯一的先决条件。和它相关的主要句式有以下四种:

(1) 除非……,才……。表示只有在这种条件下才能产生某种结果。例如:

① 除非你和我一起去,我才去。

②除非特别高兴的时候，他才喝酒。

（2）除非……，否则……。表示一定是在这种条件下，如果不是的话就不会产生某种结果。例如：

① 除非你和我一起去，否则我不去。

② 除非特别高兴的时候，否则他不喝酒。

（3）除非……，才……，否则……。这一句式是把（1）（2）两句式组合起来，表达意思更强烈、更完整。例如：

① 除非你和我一起去，我才去，否则我不去。

（4）……，除非……。前一句表示一般条件下所发生的情况，后一句表示如果不发生这种情况的特殊条件。例如：

① 我不会去的，除非你和我一起去。

② 他一般不喝酒，除非特别高兴的时候。

③ 他一般回来得很早，除非公司加班。

5 好不容易才选中这套沙发

"中（zhòng）"，用在某些动词后面做补语，表示通过某种动作达到预想目标。例如：

① 他在商店里挑了半天，挑中一件大衣。

② 他用手枪打中了坏人的腿。

③ 小王看中了那个高个子长头发的姑娘，想跟她交朋友。

6 说得过去吧

"说得过去"，口语用法，意思是"不是特别好，但比较让人满意"，相当于"还可以"。例如：

① 他的发音虽然不是特别标准，但还说得过去。

② A：我考了80分，不太好。

B：80分还说得过去，我才考65分。

练习 EXERCISES

词语练习

1. 用"好"完成句子

（1）带上吃的吧，_____。
（2）请你留下电话号码，有消息_____。
（3）今天好好儿休息，_____。
（4）老师把字写得很大，_____。
（5）我们事先别告诉他，给他准备一个生日晚会，_____。

2. 根据下列各题中提示的内容，用和"除非"相关的句式造句

（1）天气不好的话不去长城。
　　a. 除非_____，才_____。
　　b. _____，除非_____。

（2）来客人时，他家才用这套餐具。
　　_____，除非_____。

（3）有特别紧急的工作才加班。
　　a. 除非_____，否则_____。
　　b. _____，除非_____。

（4）去上海的话我去，别的地方我不去。
　　除非_____，我才_____，否则_____。

3. 根据括号里提示的意思填空

（1）我饿了，冰箱里有什么_____吃的没有？（可以吃的）
（2）这儿附近的餐厅他都吃_____了。（每一个都去吃过）
（3）我_____买红的，还是买白的。（不能决定）
（4）昨天我在商店看_____一件白毛衣。（看到了想要的）

4. 从课文里选择一句话完成对话

（1）A：我不知道该买哪一件，_____？

　　　B：我看那件白的好。

（2）A：我想买最上边的那幅画。

　　　B：_____！那是一位大画家的作品。

（3）A：你的字写得真漂亮！

　　　B：_____不太好，_____吧。

（4）A：昨晚玩儿得好吗？

　　　B：_____，我们刚玩儿一会儿就停电了。

口头报告

1. 在你们国家，祝贺别人结婚一般送什么礼物？
2. 在你们国家，什么时候买东西比较便宜？
3. 你喜欢买名牌儿货还是质量也不错的中档货？介绍一下你买东西的习惯。

对话练习

1. 内容：你想买衣服或者家具，请你的朋友参谋参谋。
   角色：两个朋友。
   词语：参谋　拿不定主意　不如　最好　搭配　高档

2. 内容：朋友买了一件东西请你欣赏，你来评论一下。
   角色：两个朋友。
   词语：样式　质量　眼光　在行　说得过去　高档　打折

有兴趣你就试一试

看广告。

问题：1. 拿这个广告去旗利餐厅吃饭有什么好处？

2. 益新专卖店从广告登出之日到11月24日有什么特别活动？

复习一（第1~5课） 我来介绍一下

1 我来介绍一下

（英国人昆丁和他的中国朋友小马一起在饭馆吃饭，碰到了马丁）

昆丁：马丁，你好！

马丁：昆丁，你好！这么巧，你也来这儿吃饭？

昆丁：是啊，我和朋友一起来的。听说这儿的四川菜比较地道。来，我来介绍一下，这位是我的中国朋友小马，北京大学的学生。这位是——

马丁：我是他的瑞典朋友小马，北京语言大学的留学生。认识你很高兴！

小马：你好！很高兴认识你。你也姓马吗？

昆丁：他不姓马，他的英文名字叫Martin。他喜欢开玩笑，是我们班的大明星。马丁，你一个人来吃饭吗？

马丁：是啊，我在这儿没有什么朋友。唯一的朋友昆丁又和小马在一起。

昆丁：你又开玩笑。如果你愿意的话，可以加入我们。小马，可以吗？

小马：当然欢迎！我们这就算认识了，希望我们能成为朋友。

马丁：谢谢！真高兴又交了一个新朋友。小马，你在北大学什么？

小马：跟你们一样，我也学中文。

马丁：哈哈，你也开玩笑。

昆丁：他是学中文，他的专业是汉语言文学，可以当我们的老师。

马丁：太好了！又认识了一位好老师。我可以叫你马老师吗？汉语的语法太难了，我有好多问题呢。

小马：别客气，还是叫我小马好了。有什么问题尽管说，我会尽力帮助你们的。

生词 NEW WORDS

| 1 | 巧 | qiǎo | 形 | opportune |
| 2 | 文学 | wénxué | 名 | literature |

复习要点

1. 昆丁是怎么介绍小马和马丁认识的？
2. 小马是怎么对马丁加入他们表示他的热情和友好的？
3. 当马丁说他有很多问题要问时，小马是怎么回答的？

对话练习

请模仿课文设计一个对话，介绍两个同学或朋友相互认识。

2 我也会做中国菜

（昆丁、小马和马丁一起吃饭，他们边吃边谈）

马丁：小马，你点的这个菜很好，清淡可口，很合我的口味。这是什么菜？看起来很容易做。

小马：这是清炒豆苗，是很容易。"清炒"的意思就是不加调料，只用油和盐炒一炒就行了。

昆丁：说起来容易，做起来难吧？

马丁：不难，我就会做很多中国菜，什么麻婆豆腐、水煮肉片，我都会做。

小马：真的？听起来都是地道的四川菜啊！真看不出，你还有两下子。

昆丁：你没开玩笑吧？我知道你最喜欢吃四川菜，可不知道你也会做。

马丁：一开始我并不喜欢四川菜，我吃不惯麻辣味儿。后来越来越喜欢，就开始学着自己做。

小马：能告诉我们你在哪里学的手艺吗？

马丁：我是自学的。只要看得懂中文，谁都会做。商店里不是卖现成的调料吗？一些有名的菜，比如麻婆豆腐，按照说明做就行，特别容易。把油放锅里热一热，然后把切好的豆腐放进去炒一炒，最后再把买来的调料放进去炖一炖就好了。嗯——，别提多好吃了！

昆丁：那么简单吗？我也试着做过中国菜，不是太咸，就是太淡。

马丁：按照说明做的话，应该没问题，除非你没看明白。下个周末我请客，让你们尝尝我的手艺。准让你们大饱口福。不过，要是做砸了，可不许埋怨我。

生词 NEW WORDS

1	豆苗	dòumiáo	名	bean leaf
2	炒	chǎo	动	to stir-fry

复习要点

1. 马丁如何表示自己喜欢吃一个菜？
2. 小马如何夸奖马丁会做菜？
3. 什么叫"清炒"？马丁怎么做麻婆豆腐？请注意马丁是用什么句式介绍做菜过程的。

口头报告

请模仿马丁简单介绍一道你会做的菜。

3 我想给我的狗买一件外套

顾　客：我想给我的狗买一件外套，可是差不多跑遍了所有的宠物用品商店，也没买到。

售货员：怎么会呢？狗衣服宠物商店都有，有的大超市也有。我们店里就有很多种。

顾　客：商店里有是有，可是尺寸都不合适。不是太大，就是太小。我的狗身材很特别，肩膀很宽，可是腿很短，肚子离地面很近。

售货员：没关系，我们有可以调大小的款式。你看，这种怎么样？这可是地道的名牌儿货。你的狗穿上，准像个大明星。

顾　客：好啊，花色也挺多的。我的狗是黑色的，这件红地黄点的应该和它的毛色比较搭配。

售货员：不错,你很有眼光。我们就剩最后一件了,便宜一点儿卖给你,给你打七折。

顾　客：太好了!我买了。不过,顺便问一下,这是什么料子的?怎么洗?

售货员：这是一种很高级的面料,非常暖和,不过要干洗,否则会缩水的。

顾　客：还要干洗?那太麻烦了。有没有不用干洗的?

售货员：这种可调的款式只有这种料子的。这儿有一种可以用洗衣机洗的,但只有三种型号,不知道合适不合适。你可以让你的狗试一试。

顾　客：一看就不行,领口都太小。我的狗脖子很粗。

售货员：其实有一种外套最适合你的狗,结实耐穿,又防风又防雨,不缩水,还不用洗。

顾　客：真的?在哪儿?快拿来给我看看。

售货员：就是它自己的毛啊!对不起,开个玩笑。如果你非要不可的话,可以定做。什么尺寸,什么材料都可以。

顾　客：看来只能定做了。

生词 NEW WORDS

1	宠物	chǒngwù	名	pet
2	肩膀	jiānbǎng	名	shoulder
3	缩水	suō shuǐ		to shrink

复习要点

1. 这位顾客有什么问题?为什么?
2. 售货员推荐的第一种衣服是什么样的?为什么顾客不想买?

3. 售货员推荐的第二种衣服是什么样的？有什么好处？

4. 最后他们决定怎么办？

口头报告

给你的同学或朋友讲述这个故事。

4 你相信中医吗

中医有几千年的历史，是中国重要的传统文化之一。虽然现在绝大多数中国人更相信现代医学，可是很多人同时也相信中医，吃中药，使用传统的治疗方法。

你可以用下面的问题做一个调查，看是不是这样。请先学习和熟悉下面的问题，然后调查至少五个中国人，最后在课堂上报告你的调查结果。

1. 你生病的时候是去看中医还是西医？
2. 你所知道的常用中药有哪些？
3. 你感冒或头疼的时候吃什么药？
4. 你觉得中药见效吗？
5. 中药有副作用吗？
6. 你没病的时候吃补药吗？
7. 你知道人参的用途是什么吗？你相信吗？

生词 NEW WORDS

| 1 | 调查 | diàochá | 名/动 | investigation; to make a investigation |

第6课 生活有时就是琐碎的

电视机坏了怎么办？房间里乱糟糟的，谁来打扫？我猜十有八九你不喜欢做这类事情。[1]可是生活有时候就是琐碎的，不喜欢也得做。

生词 NEW WORDS

1	琐碎	suǒsuì	形	trivial
2	乱糟糟	luànzāozāo	形	messy
3	打扫	dǎsǎo	动	to clean
4	按	àn	动	to press
5	开关	kāiguān	名	switch
6	反应	fǎnyìng	名	reaction
7	插	chā	动	to plug
8	插头	chātóu	名	plug
9	接触	jiēchù	动	to be in contact
10	不良	bùliáng	形	loose; bad
11	零件	língjiàn	名	spare parts
12	失灵	shīlíng	动	to malfunction
13	报废	bào fèi		to be scrapped
14	保修期	bǎoxiūqī	名	warranty period

15	维修	wéixiū	动	to repair
16	动手	dòng shǒu		to do
17	布置	bùzhì	动	to furnish
18	装修	zhuāngxiū	动	to decorate (house)
19	笔	bǐ	量	a measure word for money
20	信得过	xìndeguò	动	trustworthy
21	项	xiàng	量	a measure word of items
22	工程	gōngchéng	名	project
23	分期分批	fēn qī fēn pī		by stages and in batches
24	粉刷	fěnshuā	动	to paint (wall)
25	贴	tiē	动	to put up (wallpaper)
26	壁纸	bìzhǐ	名	wallpaper
27	油漆	yóuqī	名	paint
28	地板	dìbǎn	名	floor
29	改造	gǎizào	动	to remodel
30	图纸	túzhǐ	名	drawing
31	分担	fēndān	动	to share (task)
32	分工	fēn gōng		to make division of labor
33	活儿	huór	名	work
34	烫	tàng	动	to iron
35	叠	dié	动	to fold

课文 TEXTS

1 要是早坏两个月就好了

（金京顺是韩国学生，她房间里的电视坏了）

金京顺：师傅，您帮我看看，我的电视出毛病了。

师　傅：什么毛病？

金京顺：按下开关没反应。

师　傅：是不是没插好插头？

金京顺：我检查过了，不是。它不是老这样，说不定什么时候又好了，时好时坏。[2]

师　傅：可能是开关接触不良。

金京顺：好像不是开关的事儿，是不是里面什么零件失灵了？

师　傅：看了多少年了？该报废了吧？

金京顺：哪儿啊，才买了一年多。[3]

师　傅：过保修期了吗？没过可以免费维修。

金京顺：过了，刚过一个月，要是早坏两个月就好了。

2 你可以自己动手

（小杨来到小苏的房间）

小杨：你的房间布置得真不错，就是房子旧了点儿，要是装修一下就好了。

小苏：我也早就想装修，可是想想就头疼。这得花一大笔钱不说，还不一定能找到信得过的装修公司。[4]

小杨：你可以自己动手啊！我家就是我自己利用业余时间装修的。

小苏：这可是项大工程，一个人怎么忙得过来呢?[5]

小杨：慢慢来嘛。[6]你可以好好儿计划一下，分期分批地干。比如这次粉刷墙壁或贴壁纸，下次油漆地板，再下次改造厨房或者卫生间。

小苏：说起来容易，做起来难啊！

小杨：不难，你可以买几本书，按照书上的图纸和说明书干。

3 我做饭，你洗碗

结婚前我跟丈夫说好，家务不能全让我一个人干，得两个人分担。所以结婚后我们这样分工：我买菜、做饭、收拾房间，他洗碗、洗衣服、擦地板、倒垃圾。听起来他的活儿不少，可是都比较简单。就说洗衣服吧，

他只不过把脏衣服放到洗衣机里，再按几下开关罢了。[7]洗完衣服该烫的烫，该叠的叠，全都是我的事儿。不过，丈夫能帮我分担一些家务，我已经很满足了。

注释 NOTES

1 我猜十有八九你不喜欢做这类事情

"十有八九",意思是很可能,用来表示很有把握的推测和判断。例如:

① 你现在去找他,十有八九他不在。
② 这么晚他还不回来,十有八九又在加班。
③ 我想十有八九妈妈已经知道了这件事。

2 说不定什么时候又好了,时好时坏

"时……时……",固定格式,表示两种情况交替发生。需要特别指出的是,"时"字后面一定是两个意义相反的词。例如:

① 他对我的态度时冷时热,我也不知道为什么。
② 他的病时轻时重。
③ 电视的声音时大时小。

3 哪儿啊,才买了一年多

"哪儿啊",口语习惯用语,对对方的猜测和疑问进行否定回答,相当于"不是,不对"。例如:

① A:那人就是小王的丈夫吧?
   B:哪儿啊,那是小王的哥哥。
② A:我们是上周四买的吧?
   B:哪儿啊,星期二买的。
③ A:他是不是回来了?
   B:哪儿啊,他还没走呢。

4 这得花一大笔钱不说,还不一定能找到……

"……不说,……还／也……"常用于口语,意思是"不仅……,而且……"。例如:
① 他昨天骂人不说,还打人。
② 他做完了老师留的作业不说,还自己找了很多题练习。
③ 我病了不说,丈夫、孩子也都病了。

5 一个人怎么忙得过来呢

"得／不+过来"表示能或不能全部完成要做的事情。例如:
① 工作太多,我一个人忙不过来。
② 妈妈做了那么多好吃的菜,我都吃不过来了。
③ 这么多孩子,你照顾得过来吗?

6 慢慢来嘛

"慢慢来",口语习惯用法,意思是"做事时别着急,慢慢进行"。例如:
① A:我怎么也打不开这把锁。
   B:别着急,慢慢来。
② A:我看这工作一下子完成不了。
   B:慢慢来吧。

7 他只不过把脏衣服放到洗衣机里,再按几下开关罢了

"只不过……罢了",表示只是说话人说的这种程度,或只是事情中程度非常低的一方面。例如:
① 他有什么了不起,只不过是个小公司的经理罢了。
② 我只不过批评他几句罢了,他就生那么大的气。
③ 我们没有恋爱关系,只不过是普通朋友罢了。

练习 EXERCISES

词语练习

1. 用课文中的词语替换下列句子的画线部分，要求意思不变

（1）我的电脑<u>坏了</u>。

（2）最近天气真奇怪，<u>一会儿冷一会儿热</u>。

（3）你的冰箱用了多少年了？该<u>换新的</u>了吧？

（4）A：昨天跟你一起吃饭的，是不是你男朋友？
　　B：<u>不是</u>，那是我同事。

（5）车费我们俩<u>一人付一半</u>，怎么样？

2. 用"十有八九"完成对话

（1）A：你觉得他会不会去那儿呢？
　　B：我看_____。

（2）A：都走了大半天了，怎么还没到？
　　B：我看_____。

（3）A：_____。
　　B：不会吧，天气预报说今天没雨。

（4）A：_____。
　　B：我也觉得这个人不太可信。

3. 用"……不说，……还/也……"改写下列句子

（1）有了自己的汽车，除了上下班方便以外，节假日还可以开车去玩儿。

（2）在北京不但能学到标准的汉语，还能游览各种名胜古迹。

（3）他不但偷了我的东西，还偷了我同屋的东西。

（4）他上课常常迟到，有时还旷课。

4. 用"只不过……罢了"完成对话

（1）A：你不买是不是没那么多钱？
　　　B：我有钱，_____。

（2）A：你病了，我们去医院吧。
　　　B：_____，不用去医院。

（3）A：我看他的样子不太伤心。
　　　B：其实他心里很难过，_____。

（4）A：你歌儿唱得真好。
　　　B：哪里，_____。

5. 根据课文和括号里的提示词，用一句话完成下面的练习

（1）请师傅帮你修理自行车。（看）

（2）你的朋友做事时很着急，你劝他别着急。（慢慢来）

（3）外面下雨了，你不能和朋友出去玩儿，你希望今天不下雨。（要是……就好了）

（4）你的老板给了你很多工作，告诉他你一个人干不了。（过来）

口头报告

1. 你的生活用品出过毛病吗？什么毛病？
2. 你喜欢做家务吗？你在家里都做些什么事情？
3. 假如你雇了一位保姆，你告诉她应该干什么。

对话练习（先设计后练习）

1. 内容：去修理店修理电器等生活用品。
   角色：顾客和修理工。
   词语：出毛病　反应　零件　失灵　接触不良

2. 内容：请装修公司来装修房子，并告诉他们你的要求。
   角色：顾客和装修工。
   词语：装修　粉刷　油漆　改造

有兴趣你就试一试

看漫画，回答问题。

问题：这位妇女的台灯出了什么毛病？

"你现在知道它什么毛病了吧！"
（张洪明）

选自《读者》

第7课 让我们轻松一下

忙了一周，让我们轻松一下，你喜欢唱歌、跳舞还是打保龄球？

生词 NEW WORDS

1	约	yuē	动	to invite
2	歇	xiē	动	to have a rest
3	依我看	yī wǒ kàn		in my opinion
4	打牌	dǎ pái		to play cards
5	保险	bǎoxiǎn	形	on the safe side
6	省得	shěngde	连	so as to avoid
7	白	bái	副	in vain
8	特色	tèsè	名	particularity
9	活跃	huóyuè	形	active
10	赚钱	zhuàn qián		to make money
11	会计	kuàiji	名	accounting
12	化妆	huà zhuāng		make-up
13	插花儿	chā huār		flowers arrangement
14	打发	dǎfa	动	to kill (time)
15	丰富	fēngfù	形	rich

16	追求	zhuīqiú	动	to pursue
17	情调	qíngdiào	名	sentiment
18	午夜	wǔyè	名	midnight
19	夜宵	yèxiāo	名	night snack
20	保龄球	bǎolíngqiú	名	bowling
21	聚会	jùhuì	名	get-together
22	娱乐	yúlè	名	entertainment
23	项目	xiàngmù	名	item
24	无聊	wúliáo	形	boring
25	乏味	fáwèi	形	dull
26	单身汉	dānshēnhàn	名	bachelor
27	伴儿	bànr	名	partner
28	频道	píndào	名	channel

课文 TEXTS

1 这个主意不错

（小陈和小吴在房间里）

小陈：时间过得真快啊，又到周末了，想不想去哪儿玩儿玩儿？

小吴：好啊，你有什么好主意？

小陈：这两天天气不错，咱们约几个人一起去爬山好不好？

小吴：去爬山好是好，可是玩儿一次好几天歇不过来。[1] 依我看，不如叫几个人一起去我家打牌、吃饭。

小陈：不好，不好，我最讨厌打牌了。

小吴：那我们白天去美术馆看展览，晚上去听音乐会怎么样？

小陈：这个主意不错，就这么定了。可是，最近美术馆有什么好展览吗？还有，音乐会的票怎么办？

小吴：我们去看看再说吧。

小陈：别，为了保险起见，[2] 我们最好先上网查一查，省得白跑一趟。[3]

2　今天晚上去哪儿玩儿

（以下三位年轻人分别来自中国的三个大城市，他们正谈论这三个城市夜生活的特色）

A（编辑，广州）：

我觉得广州是夜生活非常活跃的城市，一般来说，广州的夜晚就是吃和玩儿，花钱和赚钱。不过还有一种特别的，就是上夜课。我有个朋友，她不是去学电脑，就是去学会计，再不就是学化妆，学插花儿。这也是一种打发时间的方式吧。

B（美国使馆工作人员，北京）：

北京有酒吧，有舞厅和音乐会，夜生活非常丰富。但是给我印象最深的是，夏天的晚上，北京人喜欢在马路边玩儿，有老人，也有年轻人和孩子。他们打牌、聊天儿，我觉得他们的关系不错。

C（记者，上海）：

上海的年轻人喜欢追求时髦、情调。他们先是唱卡拉OK，到了午夜就去吃夜宵，接着再去打保龄球，[4]到了五六点便去喝早茶，边喝边约好下一次聚会的时间，再把这些节目过一遍。娱乐项目越来越多，可是新鲜感越来越少。

3 无聊的休息日——吃了睡，睡了吃

我这个人比较乏味，除了工作，没有什么业余爱好。假期对我来说很无聊。我不知道该怎么打发时间。我是个单身汉，出去玩儿吧，不容易找到伴儿；看电视吧，频道越多越没什么可看的；看书吧，又看不下去。[5]我简直不知道该干什么，所以我的休息日就是吃了睡，睡了吃。

注释 NOTES

1 可是玩儿一次好几天歇不过来

"过来"在这里表示恢复到原来的或正常的状态。例如：
① 那天虽然很累，可是睡了一觉就休息过来了。
② 刚才他昏倒了，半天才醒过来。
③ 渴死我了，喝了两大杯水我才缓过来。

2 为了保险起见，我们最好先上网查一查

"为了……起见"，引出表示目的的小句。例如：
① 为了安全起见，请系好安全带。
② 为了保险起见，我们还是早一点儿出发。

3 我们最好先上网查一查，省得白跑一趟

"省得"，表示目的，意思是为了避免不希望的事发生。例如：
① 我们早点儿出发吧，省得路上堵车。
② 多穿点儿衣服，省得感冒。
③ 把东西放好，省得丢了。

4 到了午夜就去吃夜宵，接着再去打保龄球

"接着"，表示在一件事发生之后马上做另一件，或中止后继续做。例如：
① 我们先吃了饭，接着就去图书馆了。
② 他喝了一口水后又接着说下去。

5 出去玩儿吧，不容易找到伴儿；……看书吧，又看不下去

"……吧"，用以提出事情可能涉及到的几个方面，然后就此表明自己的看法。
① 我真不知道该怎么办。去吧，我实在没有时间；不去吧，人家已经邀请我好几次了。
② 我们怎么去？坐飞机吧，太贵；坐火车吧，太慢。

练习 EXERCISES

词语练习

1. 用"省得"完成句子

（1）你最好把这个电话号码记在本子上，＿＿＿＿＿＿＿＿＿＿＿＿＿＿＿。

（2）我们今天晚上早点儿睡，＿＿＿＿＿＿＿＿＿＿＿＿＿＿＿。

（3）多带点儿钱，＿＿＿＿＿＿＿＿＿＿＿＿＿＿＿＿＿＿＿＿＿＿。

（4）去海边游泳的时候要抹上一层防晒霜，＿＿＿＿＿＿＿＿＿＿＿＿＿。

2. 根据课文和括号里的提示词，用一句话完成下面的练习

   （1）邀请你的朋友周末出去玩儿。（想不想……？）

   （2）你的朋友请你去看电影，可是你觉得听音乐会更好。（依我看，不如……）

   （3）因为怕堵车，你建议朋友早点儿出发。（为……起见，我们最好……）

   （4）你饿了，问朋友有没有吃的。（可……的）

3. 用"给我印象最深的是……"回答下列问题

   （1）你觉得北京怎么样？

   （2）参观完这个学校，你有什么印象？

   （3）你还记得上小学时的同学吗？

   （4）学过的课文中你最喜欢哪一课？

4. 用"……吧，……；……吧，……"句式介绍下面的情况

   （1）你要参加晚会，有三套衣服可以选择，可是你觉得哪一套都不太合适。
   （2）有一个大学录取了你，因为它不太有名，你不想去，可是你又怕失去机会。
   （3）你有几个男（女）朋友，他们都各有优点和缺点，你一时不能决定跟谁结婚。

口头报告

1. 你一般怎么过假期?
2. 介绍一下你们国家人们业余生活的情况,请选用下列形式中的一种来介绍。
   ① 一般来说,……还有一种特别的是……
   ② ……,给我印象最深的是……
   ③ ……,先是……,接着……,到了……

对话练习

内容:和朋友商量周末去哪儿玩儿。
角色:两个朋友。
词语:(请尽量选择课文中的词语和句子)

有兴趣你就试一试

下面是一个休闲会馆的广告。

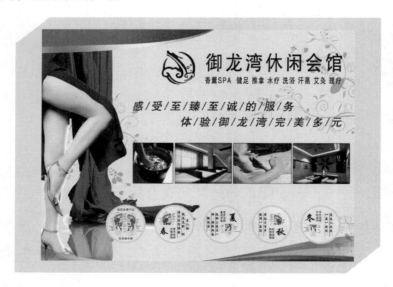

问题:1. 这个休闲会馆都有哪些服务?
　　　2. 你最感兴趣的是什么?打电话向朋友介绍一下情况,邀请他去玩儿。

第8课 计划赶不上变化

我从小就喜欢制订各种计划,订计划很容易,执行计划却很难。不过有时候,不是你自己的原因,是计划赶不上变化。

生词 NEW WORDS

1	制订	zhìdìng	动	to make out
2	执行	zhíxíng	动	to carry out
3	出版社	chūbǎnshè	名	publishing house
4	签	qiān	动	to sign
5	合同	hétong	名	contract
6	期限	qīxiàn	名	deadline
7	手头	shǒutóu	名	on hand
8	冲突	chōngtū	名	conflict
9	日程	rìchéng	名	schedule
10	排	pái	动	to arrange
11	空闲	kòngxián	名	leisure
12	提纲	tígāng	名	outline
13	初稿	chūgǎo	名	first draft
14	修改	xiūgǎi	动	to revise
15	出版	chūbǎn	动	to publish

16	最佳	zuìjiā	形	best
17	动身	dòngshēn	动	to start off
18	卧铺	wòpù	名	berth
19	当晚	dàngwǎn	名	that very night
20	长途	chángtú	形	long-distance
21	耽误	dānwu	动	to delay
22	落空	luòkōng	动	to fail
23	突然	tūrán	形	sudden
24	生意	shēngyi	名	business

课文 TEXTS

1 我的第一本书

最近我跟一家出版社签了一个合同，我要写一本书。他们给我的期限是六个月，这个时间对我来说太紧张了，因为我手头还有另外一个工作，两个工作有点儿冲突。不过这是我的第一本书，无论如何我也

要写完。为了抓紧时间，我把自己的日程排得满满的，几乎没有空闲时间。我计划先用一个月的时间写出提纲，然后用四个月的时间写完初稿，最后用一个月时间修改。希望我的第一本书能顺利出版。

2 又省时间又省钱

（安娜与朴英花是同学）

安　娜：周末你想去哪儿玩儿？

朴英花：我想去青岛，可是怎么去呢？坐飞机太贵；坐火车太慢，时间都花在路上了。

安　娜：我有一个最佳方案，又省时间又省钱，不光可以去青岛，还可以去曲阜孔庙。[1]

朴英花：哦？说说看。[2]

安　娜：周五晚上动身，坐Z7次火车卧铺，周六上午6点多钟到青岛，然后在那儿玩儿一天，吹吹海风，晒晒太阳，当晚再坐长途卧铺汽车去曲阜，[3]周日上午到，去参观孔府、孔庙，还可以尝尝孔府家常菜。

朴英花：哇，太棒了！那什么时候回来呢？星期一一早还要上课呢！

安　娜：别着急，我们在曲阜只玩儿一个白天，然后坐当晚9点的G158次火车，晚上11点多就到北京了，一点儿也不耽误上课。

朴英花：你的方案好是好，就是日程排得太紧了，准得把人累个半死。[4][5]

3 我特地做了两手准备

期末考试一结束，我就给在东京工作的朋友打电话，告诉他我想利用这个假期去看他。他说这段时间他太忙，日程都安排满了，没有空闲的时间陪我玩儿，让我最好一个星期后出发。我怕万一计划落空，就特地做了两手准备[6]，跟我在马来西亚工作的朋友也打了声招呼，[7]告诉他我有可能去他那儿度假。没想到，等我都安排好了，我的哥哥突然打电话来，说他们公司要来北京谈生意，需要一名翻译，要我无论如何也得帮这个忙。没办法，我只好答应了。就这样，两个计划一个也没实现，全落空了。

注释 NOTES

1 不光可以去青岛，还可以去曲阜孔庙

"不光……，还／也……"表示范围进一步扩大，多用于口语。例如：
① 不光有中国人参加，还有外国人。
② 他不光去过新疆，还去过西藏。
③ 不光小李病了，小王也病了。

2 说说看

"……看"表示试着做某事，看看结果怎么样。例如：
① 我给你买了一双鞋，试试看。
② 这个菜有点儿咸，不信你尝尝看。
③ 水很烫，你摸一下看。
注意："看"前一般是动词重叠式（VV）或"动词+动量词"结构。

3 当晚再坐长途卧铺汽车去曲阜

"当晚"，同一天的晚上。另外还有"当天、当日、当月、当年"等说法，意思都是和前面提到的时间是同一天、同一月、同一年。例如：
① 天津离北京很近，早晨去，当天就能回来。
② 他是2010年7月毕业的，当年9月去了美国。
③ 我们8月份开始生产，当月就生产了一万件。

4 准得把人累个半死

"准",用于口语,表示很有把握的推测,意思相当于"肯定、一定"。例如:
① 你晚上10点以后去找他,他准在家。
② 这个时候商店准关门了。
③ 这次我没好好儿复习,准考不好。

5 准得把人累个半死

"个",用在动词的后面,说明动作的情况或结果。例如:
① 上海一到春天,雨就下个不停。
② 昨天我们玩儿了个痛快。
③ 我要去找他问个明白。

6 我怕万一计划落空,就特地做了两手准备

"万一",表示万分之一的可能性,用来假设发生的可能性极小的情况。例如:
① 万一下雨我们就不去了。
② 万一买不到那本书怎么办?
③ 我们带上雨伞吧,万一下雨呢?
④ 多带一件衣服吧,万一天气变冷好穿。
请注意"万一"的使用环境。

7 跟我在马来西亚工作的朋友也打了声招呼

"打招呼",在这儿的意思是说一声,告诉某人。例如:
① 如果有事不能来上课,要跟老师打声招呼。
② 我的雨伞就放在这儿,如果你要用就拿去用,不用打招呼。

练习 EXERCISES

词语练习

1. 从课文中找出和"计划"搭配的动词填空

（1）他_____了一个工作计划。

（2）他的计划_____了。

（3）你一定要严格_____这个计划。

（4）他的计划还没_____。

2. 用课文中的词语替换下列句子的画线部分，要求意思不变

（1）他<u>不但</u>会唱中文歌，还会唱法文歌。

（2）他星期天早晨去的，<u>晚上</u>就回来了。

（3）A：他这会儿不在家，会去哪儿呢？
　　B：<u>肯定</u>是去跳舞了。

（4）你不该不跟我<u>说一声</u>就把我的东西拿走了。

3. 用"万一"完成句子

（1）_____，我就不能参加比赛了。

（2）_____，飞机就不能按时起飞了。

（3）我们最好给汽车多买点儿保险，_____。

（4）我们最好多准备点儿吃的，_____。

4. 林凡是大学二年级学生,除了上课以外,他还要做实验、参加学校游泳队的训练。下面是他的日程表:

	周一	周二	周三	周四	周五	周六	周日
上午	上课	上课	上课	实验	上课		
下午	上课	实验	上课	上课	实验		
晚上	游泳	自习	实验	游泳		游泳	

请用"日程、排、满、冲突、利用、空闲"等词语回答下列问题:
(1) 林凡从周一到周五忙吗?
(2) 如果有一个工作需要一、三、五上午做,林凡可以接受吗?
(3) 如果林凡想打工挣钱,什么时间可以去?

口头报告

1. 你有没有特别忙的时候? 那个时候你是怎么安排时间或者制订计划的?
2. 介绍一次你旅行日程的安排。

对话练习

内容:一个学生跟一位公司经理商量业余打工的时间。
角色:一个学生和一位公司经理。
词语:日程　安排　利用　空闲　冲突　两手准备　万一……

第9课 大手大脚还是精打细算

小时候我常常得到存钱罐这样的礼物,可是它们从来没满过。长大了,我还是攒不下钱来,[1] 你呢?你花钱是大手大脚,还是精打细算?

生词 NEW WORDS

1	大手大脚	dàshǒu-dàjiǎo		extravagantly
2	精打细算	jīngdǎ-xìsuàn		thriftily
3	攒	zǎn	动	to save
4	节省	jiéshěng	动	to save
5	奢侈	shēchǐ	形	luxurious
6	存	cún	动	to save (money)
7	开销	kāixiāo	名	expense
8	记账	jì zhàng		to keep accounts
9	开支	kāizhī	名	spending
10	涨	zhǎng	动	to rise
11	法子	fázi	名	way
12	分期付款	fēn qī fù kuǎn		to pay by installment
13	贷款	dàikuǎn	动/名	to loan; loan
14	欠债	qiàn zhài		to owe a debt

15	踏实	tāshi	形	relieved
16	观念	guānniàn	名	concept
17	财政	cáizhèng	名	finance
18	预算	yùsuàn	名	budget
19	收入	shōurù	名	income
20	属于	shǔyú	动	to belong to
21	高薪	gāoxīn	名	high salary
22	日常	rìcháng	形	everyday
23	用于	yòngyú	动	to be used to do something
24	保证	bǎozhèng	动	to ensure
25	前途	qiántú	名	prospect
26	保险	bǎoxiǎn	名	insurance
27	下降	xiàjiàng	动	to decline
28	失业	shī yè		to lose one's job
29	高等教育	gāoděng jiàoyù		high education
30	还清	huán qīng		to pay off

课文 TEXTS

1 我想多攒点儿钱

（小黄和小马边走边聊）

小黄：我发现你花钱很节省。

小马：对，我从来不买奢侈品，能省就省。

小黄：我喜欢让自己过得舒服一点儿，干吗跟自己过不去呢？[2][3]

小马：我过得也挺舒服的，只不过不大手大脚罢了。我想多攒点儿钱去旅游。

小黄：其实我也想攒钱，就是攒不下来。

小马：你应该先订个计划，每月存多少，花多少，然后按照计划用钱。

小黄：我的开销总是很大，老觉得钱不够用。

小马：你可以每天记账，然后检查一下，减少不必要的开支。

2 我想有一所自己的房子

（小孙和小于两个人坐在出租车里）

小孙：我要攒钱买房子，因为我想有一所自己的房子。

小于：就靠你那点儿工资，等你攒够了，房价也早就涨上去了[4]。

小孙：照你这么说，我这辈子没希望住上自己的房子了。

小于：我不是这个意思，我的意思是买房子光靠攒钱是不行的，你还得想想别的法子，比如分期付款或者贷款。

小孙：欠债心里多不踏实。

小于：你的观念应该变一变了，要不你永远住不上自己的房子。[5]

3 小家庭大计划——家庭财政预算

我们夫妻二人都在大公司工作，收入比较高，属于高薪阶层，可是我们的经济压力并不小。我们的收入除了支出日常开销外，还有一大部分用于为将来做准备。

我们的孩子刚上小学，等他上大学时我们已经退休了。为了保证孩子的前途，我们为他买了教育保险，这样，即使我们将来收入下降、失业、健康出现问题,我们的孩子也能靠保险金完成高等教育。[6]此外,我们每月还有一部分钱用于房子的分期付款,[7]要十年才能还清。为了将来,我们不得不减少现在的开支。

注释 NOTES

1 长大了,我还是攒不下钱来

"V下……来",中间插入动词的宾语,表示动作的完成,也可以说成"V下来"。例如:

① 我已经把他的电话号码记下来了。(我已经记下他的电话号码来了。)
② 这篇课文这么长,我背不下来。(我背不下来这么长的课文来。)
③ A:5000米你跑得下来吗?(你跑得下5000米来吗?)
   B:跑得下来,我还跑过10000米呢。

2 我喜欢让自己过得舒服一点儿,干吗跟自己过不去呢

"干吗",用于口语,就是"干什么",用以询问目的或原因,有时采用反问句形式。例如:

① A:小王,你来一下。
   B:干吗?
② 你早就知道这件事,干吗不告诉我?
③ 那儿的菜又好吃又便宜,我们干吗不去吃一次呢?

3 我喜欢让自己过得舒服一点儿,干吗跟自己过不去呢

"跟……过不去",用于口语,中间插入表人的词语,表示让谁不舒服、不自在,故意为难。例如:

① 别人迟到领导不批评，为什么专门批评我呢？这不是跟我过不去吗？
② 这并不是你一个人的错，忘了它吧，别跟自己过不去。

4 就靠你那点儿工资，等你攒够了，房价也早就涨上去了

"靠"，依靠、利用。例如：
① 结婚后她就不工作了，靠丈夫生活。
② 在家靠父母，出门靠朋友。
③ 她靠卖花儿养活自己。

5 要不你永远住不上自己的房子

"上"，表示动作达到了目标。例如：
① 他用买股票赚的钱开上了法拉利跑车。
② 什么时候你能坐上老板的位子呢？
③ 没想到我们家也用上了这么高级的家具。

6 即使我们将来收入下降……，我们的孩子也能……完成高等教育

"即使……也……"，表示假设兼让步，意思同"就是……也……"。例如：
① A：再给你们一个星期的时间，能完成吗？
   B：即使再给我们两个星期也无法完成。
② 即使你们给我再多的钱，我也不接受这个工作。
③ 即使大家都不去，我也要去。

7 此外，我们每月还有一部分钱用于房子的分期付款，……

"此外"，表示"除了前面说的以外"，用以补充说明情况。例如：
① 他在市中心有一套住房，此外郊区还有一套别墅。
② 我每月的工资为8000元，此外还有一部分稿费收入。
③ 去欧洲旅行我没有时间，此外我也没那么多钱。

练习 EXERCISES

词语练习

1. 用"上、上去、下来、过来"填空

（1）你说得太快，我记不_____。

（2）他弟弟去年考_____了大学。

（3）这么多事儿，你一个人怎么忙得_____？

（4）我们一定得把产品的质量搞_____。

2. 用"干吗"完成对话

（1）A：你来我这儿一下。
　　　B：_____？

（2）A：我们明天早晨6点就出发。
　　　B：会议8点才开始，_____？

（3）A：这个孩子真把我气死了。
　　　B：_____？

（4）A：我给他打了十几次电话都占线，怎么办？
　　　B：_____？

3. 用"此外"回答下列问题

（1）你为什么要去上海学习汉语？

（2）你们这学期都有什么课？

（3）请你介绍一下这次参观的内容，好吗？

4. 用课文中的词语、句式完成下列练习

（1）朋友花钱太随便，你劝他节省一点儿。
（提示：我发现……，你应该……）

（2）你的父母批评你花钱大手大脚，你为自己辩解。
（提示：我喜欢……，干吗……呢）

（3）你的朋友说你太节省，你为自己辩解。
（提示：……，只不过……罢了）

（4）你觉得父母的观念太陈旧，希望他们能跟上时代。
（提示：……应该……，要不……）

（5）朋友误会了你的意思，你向他解释你真正的意思。
（提示：……不是……，……是……）

口头报告

1. 介绍一下你花钱的方式，是大手大脚，还是比较节省？
2. 你怎么管理自己的钱？

对话练习

内容：朋友常常向你借钱，你跟他谈话，劝他节省一点儿。
角色：两个朋友。
词语：大手大脚　开销　开支　节省　攒　下来

有兴趣你就试一试

看广告，回答问题。

问题：1. 这个汽车广告告诉顾客可以用什么样的方式购买汽车？
2. 根据这个房产销售广告，房子多长时间可以真正属于买房者？

第10课 我想咨询一下

你们学校怎么样？你想在什么样的公司工作？出门旅行住什么饭店？我们随时随地需要了解或者向别人介绍一些情况。
- 我想咨询一下……
- 我来介绍一下……

生词 NEW WORDS

1	咨询	zīxún	动	to consult
2	随时	suíshí	副	at any time
3	随地	suídì	副	at any place
4	值得	zhíde	动	to deserve
5	提	tí	动	to mention
6	私立	sīlì	形	private
7	规模	guīmó	名	scale
8	各	gè	代	every
9	设施	shèshī	名	facilities
10	先进	xiānjìn	形	advanced; modern
11	场地	chǎngdì	名	ground
12	应有尽有	yīngyǒu-jìnyǒu		to have everything that one expects

13	喜好	xǐhào	动	to like
14	场所	chǎngsuǒ	名	place
15	经营	jīngyíng	动	to manage
16	业务	yèwù	名	business
17	遍及	biànjí	动	to extend all over
18	员工	yuángōng	名	staff
19	待遇	dàiyù	名	salary
20	相当	xiāngdāng	副	quite
21	月薪	yuèxīn	名	monthly pay
22	奖金	jiǎngjīn	名	bonus
23	晋升	jìnshēng	动	to promote
24	招聘	zhāopìn	动	to recruit
25	应聘	yìngpìn	动	to have an interview
26	录取	lùqǔ	动	to hire
27	豪华	háohuá	形	luxury
28	一流	yīliú	形	first-class
29	标准间	biāozhǔnjiān	名	standard room
30	单间	dānjiān	名	single room
31	套间	tàojiān	名	suite
32	卫星	wèixīng	名	satellite
33	兑换	duìhuàn	动	to exchange
34	可惜	kěxī	形	It is a pity that...

第10课

课文 TEXTS

1 特别值得一提的是……

我们学校是一所有名的私立大学。学校的规模不太大,可是各方面的条件都不错,学习、生活很方便。特别值得一提的是,体育娱乐设施很全,而且非常先进,有各种运动场地,比如篮球场、游泳馆和健身房等,应有尽有。

喜好艺术的学生也可以找到他们活动的场所。对这一点,学生们都非常满意。

2 是一家规模很大的企业

(两位在公司工作的朋友打电话)

职员甲:听说你换了一家公司工作,是什么公司?公司怎么样?经营什么业务?

职员乙:是一家规模很大的企业,主要经营电子产品。我们的分公司遍及全国各大城市,员工有近万人呢。

职员甲:那么大?待遇一定很高吧?

职员乙:要说待遇,相当不错,[1]月薪比一般公司高出三分之一,干得好的话还有奖金。晋升机会也比较多。高级职员每年还可以休两个星期的长假。

职员甲:这么好的工作你是怎么找到的?

职员乙:我从报纸上看到招聘广告,然后就去应聘,没想到就被录取了。

3 可以说跟五星级宾馆没有两样

（范一平给一家旅游公司打电话）

范一平：喂，是长江轮船旅游总公司吗？我想去三峡旅游，想先咨询一下。

服务员：好的，我先给您介绍一下我们公司的情况吧。我们是中国规模最大的专业旅游公司。

范一平：你们的价格也是最贵的吧？比别的公司高出一倍还多，船上的条件到底怎么样呢？[2]

服务员：我们一共有十四艘豪华旅游船，船上的条件非常好，各种设施都是一流的，可以说跟五星级宾馆没有两样。[3][4]

范一平：那都有什么样的房间和设施呢？

服务员：有双人标准间，豪华单间和套间，还有总统套房呢！船上有卫星电视、国际直拔电话，还可以兑换外币，应有尽有。

范一平：听起来确实不错，可惜我没有那么多钱。谢谢你的介绍。

注释 NOTES

1 要说待遇，相当不错

"要说"，意思是说起来，或谈到某一个方面。例如：

① 要说舒服，还是家里舒服。
② 要说风景，还是南方好。

"要说"还有"如果说"的意思。例如：

① 要说我没有努力也不对。
② 要说不想去也不是真的。

2 船上的条件到底怎么样呢

"到底",可以表示追问,求证,用于询问希望知道的真正的、确切的情况。例如:

① 你一会儿说去,一会儿又说不去,你到底去不去呢?
② 你昨天晚上到底去哪儿了?我们哪儿也找不到你。

3 可以说跟五星级宾馆没有两样

"可以说",用于介绍完一种情况之后,为了让别人更容易明白,换一种方式进一步说明。有时是一种夸张的说法。例如:

① 这两个人长得太像了,可以说跟一个人一样。
② 秋天去香山看红叶的人很多,可以说人比红叶还多。

4 可以说跟五星级宾馆没有两样

"……跟……没有两样",意思是"……跟……差不多,几乎没有区别"。例如:

① 我们公司生产的手机在质量上跟世界上一流的××公司没有两样。
② 他花钱大手大脚的习惯还是没改,跟以前没有两样。

练习 EXERCISES

词语练习

1. 用"特别值得一提的是……"介绍下列情况

(1) 这个学校学习条件很好,特别是图书馆,藏书很多,借阅方便。
(2) 某个地方给你最深的印象是那儿的人特别热情。
(3) 你向别人介绍你们公司的新产品有一个与其他产品不同的好处是省电。

2. 用"要说"完成下列对话

(1) A:你觉得是住在大城市方便呢,还是小城市方便?

　　　　B：_____。
（2）A：你的爱好是什么？
　　　　B：_____。
（3）A：你是不是不想家？
　　　　B：_____。

3. 用"可以说"完成句子

（1）这个菜真好吃，可以说_____。
（2）他的汉语非常好，可以说_____。

口头报告（请尽可能用课文中的词语和方式准备你的报告）

1. 朋友的弟弟想上你所在的大学，请你给他介绍一下学校的大概情况。
2. 请根据下面的资料，用"经营、业务、规模、遍及、特别值得一提的是"等介绍这个公司。

> **新兴食品公司**
> ● 生产、销售各种速冻食品
> ● 在全国主要大城市有上百家分公司，员工三万人
> ● 公司成立五年，产品销售量占市场40%

对话练习

1. 内容：给饭店打电话订房间。
   角色：客人、服务员。
   词语：咨询　条件　设施　一流　可以说　可惜

2. 内容：去一家公司应聘，询问该公司的情况。
   角色：应聘者、公司人事部职员。
   词语：经营　业务　待遇　月薪　晋升

复习二 (第6～10课) 我的新房子

1 我的新房子

（小黄介绍他买房子的经历）

上个星期，我刚刚搬进新买的房子。房子是新建的，也刚刚装修好，又大又漂亮。这是我第一次住在这么大的新房子里，高兴得都睡不好觉了。为了买这房子，我攒钱攒了很久。在决定买房子以前，我花钱一直大手大脚。每个月把自己的工资花完了不说，还要向父母借

钱，所以工作了三年都没攒下钱来。后来，看到同事们都住上了新房子，我也打算买房子。可是照我的工资和花钱的习惯，这辈子是没希望的，除非从天上掉下来一大笔钱。父母给我提建议，让银行每月自动从我的工资里扣除一部分存下来，我只能用剩下的钱。这样在攒够了房子的首付后，我就用分期付款的方式买了现在的房子。虽然房子的贷款要20年才能付清，可我也总算住上了自己的房子。自从决定买房子后，我好像变了一个人。我变得很节省，严格按计划用钱，尽量减少不必要的开支。

另外，为了装修和布置房子，我还学会了室内设计，并自己动手

完成了很多工作。房子还没建好之前我就制订了一个装修方案，打算在三个月内把所有的工作分期分批干完。时间是比较紧，可是我想快点儿住进漂亮的新房。为了抓紧时间，我把日程排得满满的，所有的业余时间都花在了房子上面。星期天，别人都出去娱乐、轻松，我却不是在画设计图，就是油漆墙壁和地板。累是累，可心情很好。以前闲着没事的时候常常觉得很无聊，在新房子里干活时却根本没有这种感觉。现在住着完全靠自己买来和设计的房子，我心里很满足。

生词 NEW WORDS

1	自动	zìdòng	副	automatically
2	扣除	kòuchú	动	to deduct
3	首付	shǒufù	名	down payment
4	严格	yángé	形	strict

复习要点

1. 小黄以前花钱的习惯怎么样？
2. 小黄的房子是怎么买的？
3. 小黄的房子是怎么装修的？

口头报告

请你尽量用课文里的词语介绍一下自己实现一项计划的经历。

2 我要退货

（小李在宜家（IKEA）的顾客服务部）

小李：对不起。这是我前两天买的书桌，我想退货，可以吗？

店员：对不起，包装拆开了就不能退货了，除非质量有问题。可以问一下您为什么想退货吗？我们以后好改进我们的产品和服务。

小李：这个书桌的质量样式都不错，我看了半天才选中的。可是，太难组装了。我花了五六个小时，也没把桌子腿儿装上。

店员：我们的产品都是经过严格的工业设计，如果你按照图纸上正确的方法装应该没问题的。

小李：我就是严格按照你们的图纸装的啊！我觉得桌面和桌腿儿接触的部分设计得不好。

店员：我可以看一下图纸吗？

小李：你要试就试。依我看，十有八九你也不行。我研究了那么久也没装好。我还不至于那么笨吧？

店员：我来装装看。你看，这儿有三个零件，你要把零件1和2先连起来，再和零件3一起装在桌子腿儿上，最后再和桌面连接，把螺丝拧紧就行了。

小李：噢，原来是这样。那就请您帮忙帮到底好吗？现在买家具，几乎所有的零件都要自己动手组装，太麻烦了。

店员：其实你也可以要求我们的工作人员上门为你组装，不过要加收10%的安装费。

生词 NEW WORDS

1	退货	tuì huò		to return merchandise
2	改进	gǎijìn	动	to improve
3	组装	zǔzhuāng	动	to assemble
4	拧	nǐng	动	to twist
5	螺丝	luósī	名	screw

复习要点

1. 小李为什么要退货？
2. 工作人员是怎么解决这个问题的？
3. 正确的组装方法是什么？

口头报告

请找来一张比较简单的家具或其他用品的安装图纸说明一下组装步骤。

3 这是我们的新产品

（小王是家用电器推销员，他在介绍他们公司的新产品）

现在大家学习工作都比较紧张，没有多少空闲的时间。即使有空，也不愿意都花在做家务上。为了减轻您的家务劳动，我们公司设计了自动吸尘器。与一般的吸尘器不同，它根本不需要你动手操作。你只需要把它放在房间的角落里，插上电源就行了。它会每天自己在房间里移动，给地板吸尘，吸完后它会回到原来的地方。这种吸尘器不光会自动吸尘，还会自己充电。不过，请注意不要让它走到楼梯旁边，或从高处摔下来。为了保险起见，我们有三年的保修期。万一什么地方出了毛病，我们免费维修。

生词 NEW WORDS

1	家用电器	jiāyòng diànqì		household electronics and appliances
2	推销员	tuīxiāoyuán	名	salesman
3	减轻	jiǎnqīng	动	to lighten; to alleviate
4	吸尘器	xīchénqì	名	vacuum cleaner
5	操作	cāozuò	动	to operate
6	电源	diànyuán	名	mains; power source

复习要点

1. 小王公司的新产品是什么？
2. 它有什么用途和好处？怎么使用？
3. 使用这种新产品时应该注意什么？
4. 产品的售后服务怎么样？

口头报告

介绍一件你感兴趣的家用电器或其他产品。

对话练习

请你和一个同学或朋友合作，一个扮演顾客，一个扮演推销员，就上面的课文进行对话练习。

4 你想去哪里玩儿?

下面是两个旅行社的广告，里面生词和专名比较多。你可以请老师或中国朋友帮助你了解和熟悉它们，会对你在中国旅行很有帮助。

路　线　一：华东五市精华游

出发城市：南京

目的城市：上海

逗留日数：5天

价　　格：成人——RMB 698元　　儿童——RMB 355元

价格说明：此价格住宿酒店为二星级，如住三星酒店为788元／人（成人）。

时　　间：二星酒店天天发，三星酒店每周二、六发。

报价包含：二星或三星同级酒店双人标准间；当地旅游车、景点门票；正餐八菜一汤／十人台（共4早8正）；当地导游服务。

报价未含：往返交通费用、旅游意外保险。

行程安排：

第一天：南京接团，游玄武湖、中山陵、世界文化遗产——明孝陵，晚餐后游秦淮河，夫子庙购物。宿：南京。

第二天：赴无锡参观太湖，宜兴陶艺馆。宿：无锡或苏州。

第三天：赴苏州，游寒山寺、留园（中国四大园林之一，世界文化遗产）等。宿：杭州。

第四天：早乘船游西湖，品龙井茶，参观江南丝绸厂，当天下午乘车赴上海。宿：上海。

第五天：上海一日游：参观东方明珠、城隍庙、外滩，然后在南京路自由活动和购物，旅行结束。

路　线　二：昆明、大理、丽江六日游

出发城市：昆明

目的城市：大理

逗留日数：6天

价　　　格：成人——RMB 950元　儿童——RMB 670元

价格说明：二星酒店1220元／人；三星酒店1380元／人。

酒店级别：二星级酒店

报价包含：往返机票；当地二星或同级酒店双人标准间；旅游车；当地的火车票；景点门票；正餐八菜一汤／十人台（共5早7正）。

报价未含：机场费，航空保险，各地骑马费。

行程安排：

第一天：接团，当晚入住酒店，用晚餐。宿：昆明。

第二天：早餐后石林一日游，欣赏云南茶艺表演，当晚乘硬卧火车赴大理。宿：火车上。

第三天：早抵达大理，游感通寺、崇圣寺三塔、大理古城、洋人街。宿：大理。

第四天：大理乘车至丽江，浏览丽江古城，晚上可自费品尝纳西风味餐。宿：丽江。

第五天：游玉龙雪山，返大理，当晚乘火车返昆明。宿：火车上。

第六天：早抵达昆明，自由活动，送团。

生词 NEW WORDS

1	逗留	dòuliú	动	to stay
2	景点	jǐngdiǎn	名	scenic spot
3	导游	dǎoyóu	名	tour guide
4	往返	wǎngfǎn	动	to go back and forth
5	意外	yìwài	名	accident
6	遗产	yíchǎn	名	heritage
7	宿	sù	动	to lodge for the night
8	赴	fù	动	to go
9	品	pǐn	动	to taste
10	抵达	dǐdá	动	to arrive

对话练习

在熟悉上面课文的内容和词语后，请你和你的同学或朋友一起设计一个对话，就上面的旅行路线和费用进行咨询。

第 11 课 有话好商量

当你的愿望和现实发生了矛盾，当你碰到了困难，怎么说才能得到别人的同情和帮助？合适的词语和方式很重要。——有话好商量[1]。

生词 NEW WORDS

1	矛盾	máodùn	名/动	confliction; to conflict
2	同情	tóngqíng	动	to sympathize with
3	通融	tōngróng	动	to stretch rules; to accommodate sb.
4	到期	dào qī		to become due; to come to an end
5	宽限	kuānxiàn	动	to extend a time limit
6	添	tiān	动	to add
7	一时	yìshí	名	temporary; for a short time
8	为难	wéinán	动	to feel awkward
9	撞	zhuàng	动	to collide
10	尾灯	wěidēng	名	tail light
11	责任	zérèn	名	responsibility
12	消气	xiāo qì		to cool down
13	赔偿	péicháng	动	to compensate
14	损失	sǔnshī	名/动	loss; to loss

15	拜读	bàidú	动	to read
16	大作	dàzuò	名	masterpiece
17	启发	qǐfā	动	to inspire
18	当面	dāngmiàn	副	to one's face
19	请教	qǐngjiào	动	to ask for advice
20	冒昧	màomèi	形	being bold
21	百忙之中	bǎimáng zhī zhōng		in one's busy schedule
22	抽	chōu	动	to find
23	占用	zhànyòng	动	to occupy
24	宝贵	bǎoguì	形	valuable

课文 TEXTS

1 您能不能通融一下

（胡锋是一名大学生，王英是学校教务处工作人员）

胡锋：老师，跟您商量件事行吗？

王英：什么事？尽管说吧。

胡锋：是这样，这次英语分班考试我考了59分，被分到了慢班，可是我希望到水平高一点儿的快班学习。

王英：不行，学校有严格的规定，60分以下一律去慢班。

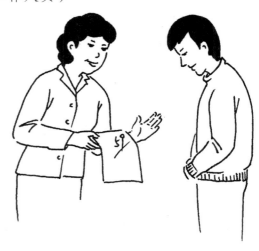

胡锋：我知道学校有这个规定，可是您能不能通融一下？我只差一分啊。

王英：一分也不行，这是学校的规定。

胡锋：我的英语水平不错，这次是因为感冒没考好。您就通融一下吧，在快班我一定好好儿学。

王英：这样吧，你把你以前的成绩单拿来，还有，请你的英语老师写封推荐信，然后我们再决定你是否去快班。

胡锋：好的，没问题，谢谢您！

2 您就帮帮忙吧

（小张是房客，王先生是房东。他们正在打电话）

小　张：喂？王先生吗？我是小张，有件事想跟您商量一下。

王先生：有什么事尽管说吧。

小　张：是这样，下个月我们的合同就到期了，可是我们新买的房子还没装修好，能否宽限我们几天？

王先生：那怎么行呢？你们以前说，只签一年合同，所以我已经找好了新住户，他们正急着搬进来呢！

小　张：实在对不起，我们也不愿意给您添麻烦。可是我们一时找不到别的住处，[2]再说，我们就多住一两个星期。[3]

王先生：可是我已经答应了新住户，你这不是让我两头为难吗？[4]

小　张：王先生，我们实在是有困难，您就帮帮忙吧！我们会尽快搬走的。

王先生：真拿你们没办法。[5]这样吧，你们多住一天要加倍付一天房租。

小　张：没问题，谢谢您，王先生！

3　有话好商量

（马路上，一位司机开车不小心撞坏了前面汽车的尾灯）

司机甲：你是怎么开车的？瞧你把我的车撞得！
司机乙：真对不起，我不是故意的。
司机甲：对不起就完了吗？尾灯坏了，你说怎么办？
司机乙：这事责任在我，您先消消气，咱们有话好商量。
司机甲：这车是我刚买的，你说我能不着急吗？
司机乙：真对不起，我一定照价赔偿您的损失。
司机甲：好吧，我们把车开到旁边去商量一下。

4　不知您能否在百忙中抽出时间来

（金哲一是一名留学生，给没见过面的王教授打电话）

金哲一：喂，您好！您是王教授吗？
王教授：对，我是。你是——？
金哲一：王教授，您好！我叫金哲一，韩国留学生，我的专业是中国古典文学，正在做毕业论文，是有关唐代文学的。我知道您对

唐代文学很有研究，我拜读过您的大作《唐代文学史》，很受启发[6]。我有几个问题想当面向您请教，所以冒昧地给您打电话，[7]不知您能否在百忙之中抽出时间来？

王教授：谢谢你对我的作品感兴趣。可是我最近实在太忙，抽不出时间来。

金哲一：王教授，我也不好意思占用您宝贵的时间，可是我真的需要您的指教，请您无论如何抽出一点儿时间帮帮我，晚一点儿没关系。

王教授：啊，别这么客气，有问题我们可以讨论。可是我最近日程排得满满的，一点儿空儿也没有。这样吧，你下周三给我打电话，那时候我们再约时间好吗？

金哲一：太好了！谢谢您，王教授！

注释 NOTES

1 有话好商量

"有话好商量"，惯用语，用于发生纠纷时平息对方怒气，寻找解决矛盾、纠纷的办法。例如：

① A：你撞坏了我的自行车，你得赔我！
　　B：您别生气，咱们有话好商量。
② 大家都别发这么大的火，有话好商量。

2 可是我们一时找不到别的住处

"一时"，短时间内，暂时。多用于否定句和问句。例如：

① 他昨天突然问我这个问题，我一时不知道怎么回答他。
② 我一时想不起来把护照放在哪儿了。

③ A：我想找几个朋友帮忙搬家。
　　B：你一时找得到那么多人吗？

3 再说，我们就多住一两个星期

"再说"，在口语中用于补充说明理由、原因等。例如：

① A：你为什么不和我们一起去青岛呢？
　　B：我哪有时间啊？再说，我也不会游泳，去海边有什么意思？
② 我不想这么早就结婚，再说我们也没有房子啊！

4 你这不是让我两头为难吗

"两头"，事情的两方面。例如：

① 她一方面要照顾老人，一方面又要照顾孩子，两头忙，能不辛苦吗？
② 妈妈对我有意见，妻子也不满意，我两头不落好。

5 真拿你们没办法

"拿……没办法"，用于口语，表示没办法说服或管教住某人。例如：

① A：我真的不想去，你别劝我了好不好？
　　B：不去就不去吧，真拿你没办法。
② 这个孩子特别不听话，老师、家长都拿他没办法。
③ 这几个坏孩子警察拿他们也没办法。

6 我拜读过您的大作《唐代文学史》，很受启发

"拜"，用在单个动词前面，表示尊敬之意。常见的有"拜访、拜见、拜读"等。例如：

① 我昨天去拜访了一位大作家。
② 我早就听说过您的大名，想去拜见您。

7 我有几个问题想当面向您请教，所以，冒昧地给您打电话

"冒昧"，指说话、做事不合礼貌。可用于担心言行不合适时的礼貌用语。例如：

① 我跟他只见过一两面就提出这样的要求，是不是太冒昧了？
② 小姐，能冒昧地问一下您的名字吗？
③ 老师，能冒昧地问一下您结婚了吗？

练习 EXERCISES

词语练习

1. 用"一时"完成对话

（1）A：他叫什么名字？
　　 B：_____。（一下子想不起来）
（2）A：你决定哪天走了吗？
　　 B：_____。（现在还决定不下来）
（3）A：你给孩子起了什么名字？
　　 B：_____。（还没想好）
（4）A：我借走你的字典你会不会不方便？
　　 B：_____，你先用吧。（最近用不着）

2. 用合适的动词填空

（1）昨天我们两家公司_____了一份合同，正式开始合作。
（2）对不起，给您_____麻烦了。
（3）我不知道到时候能不能_____出时间来。
（4）我的日程已经_____满了。
（5）明天我们再打电话_____下次见面的时间吧。

3. 用一句话完成下列练习

（1）请对方不要按死规定办事，方便的时候照顾一下你。

（2）要求对方多给一点儿时间来完成某事。

（3）恳请对方帮助你。

（4）劝对方别生气，你们可以一起商量解决问题的办法。

4. 用非常礼貌、表示敬意的方式重新说出下列句子

（1）我已经看过了您的文章。

（2）这本书我有些地方看不懂，想问问您。

（3）可不可以问您一个私人问题？

口头报告

1. 假定课文1中的房东王先生不在家，你是房客A，在录音电话中谈一谈你的请求。
2. 假定你是课文3中的A，不小心撞坏了B汽车的尾灯，向警察说明情况。

对话练习

1. 内容：开学一个月后，你想换宿舍，学校有规定学期中间不能换房间，可是你有一些特殊原因非换不可，跟宿舍管理员谈一谈。
   角色：学生和宿舍管理员。
   词语：规定　通融　实在　帮忙

2. 内容：要求晚一点儿交房租。
   角色：房客与房东。
   词语：宽限　实在　添麻烦　帮忙　尽快

3. 内容：你或者你的孩子踢球时不小心踢坏了邻居的窗户玻璃，邻居非常生气，你劝慰邻居，商量解决问题的办法。
   角色：两个邻居。
   词语：怎么搞的　故意　责任　消气　赔偿

第12课 我们生活在人群里

我们生活在人群里，朋友、同事、同屋、邻居，所以免不了会闹矛盾。[1][2]出了问题怎么办？交流很重要。——咱们谈谈好吗？

生词 NEW WORDS

1	免不了	miǎnbuliǎo	动	to be unavoidable
2	交流	jiāoliú	动	to communicate
3	不妨	bùfáng	副	might as well
4	一连	yìlián	副	continuing for a long time
5	竟然	jìngrán	副	to one's surprise
6	失眠	shī mián	动	to be sleepless
7	夜猫子	yèmāozi	名	night owl
8	抽屉	chōuti	名	drawer
9	翻	fān	动	to search (bag) for sth.
10	照应	zhàoyìng	动	to look after
11	惹	rě	动	to offend; to provoke
12	相处	xiāngchǔ	动	to get along with
13	小心眼儿	xiǎoxīnyǎnr	形	small-minded
14	意识	yìshi	动	to realize
15	误会	wùhuì	名	misunderstanding

16	开诚布公	kāichéng-bùgōng		frankly and sincerely
17	意见	yìjiàn	名	opinion
18	直说	zhí shuō		to speak frankly
19	尽量	jǐnliàng	副	as far as possible
20	统一	tǒngyī	形	in line with
21	作息	zuòxī	动	to work and rest
22	各奔东西	gèbèn-dōngxī		to part from each other
23	聚	jù	动	to gather
24	怀念	huáiniàn	动	to think of, to miss
25	时光	shíguāng	名	time
26	处世之道	chǔshì zhī dào		philosophy of life
27	软弱	ruǎnruò	形	weak
28	宽容	kuānróng	动	to tolerate
29	忍让	rěnràng	动	to forbear
30	欺负	qīfu	动	to bully
31	威信	wēixìn	名	prestige
32	原则	yuánzé	名	principle
33	伤害	shānghài	动	to hurt
34	与人为善	yǔrén-wéishàn		to show kindness toward others
35	人缘儿	rényuánr	名	relations with people
36	赢得	yíngdé	动	to gain

课文 TEXTS

1 你不妨当面跟他说说[3]

（张清和刘松都是大学生，他们俩是好朋友）

张：怎么了，你脸色这么难看？

刘：别提了！一连几天没睡好了。

张：什么事，竟然让你失眠了？[4]

刘：不是我自己的问题，是我同屋，他人挺好的，就是我们的生活习惯不一样。我习惯早起早睡，可他却是个"夜猫子"，每天两三点才睡，还特别不注意，不是开抽屉啦，就是翻书包啦，吵得我睡不着。

张：真不像话！[5]俩人一起住应该相互照应一点儿。我想你不妨当面跟他说说，让他注意点儿。

刘：可是我怕说了会惹他不高兴，[6]以后就不好相处了。

张：看样子你的同屋不像那种小心眼儿的人。你不要想得太多，也许他根本没意识到影响了你。

刘：好吧，我试试。

2 咱们谈谈好吗

（曹明明和李晓是同事）

曹：你这会儿有空儿吗？

李：干吗？

曹：咱们谈谈好吗？

李：谈什么？有什么可谈的？

曹：我想我们之间可能有什么误会，我觉得你这几天对我的态度不大对头。

李：是误会吗？我想你心里很清楚吧。

曹：不，我不清楚，要不我就不会找你谈了，我觉得我们真的需要开诚布公地谈一谈。你要是对我有什么意见，不妨当面直说。

李：我们下班后再谈吧。

3 我们相处得很好

上大学时，我住在学校的宿舍里，我们四个人一个房间，有点儿挤，按说矛盾肯定少不了，可是我们在一起住了四年，相处得很好，从来没有闹过矛盾。为了不互相影响，我们尽量保持统一的作息规律。毕业后，我们就各奔东西了。到现在已经三年了，虽然我们一直没有机会再聚一聚，可是我们都很怀念那段时光。

4 处世之道

我性格比较软弱,再加上从小父母就教育我,在和别人相处时,应该宽容、忍让,所以小时候常常受欺负。上学后,因为学习成绩好,老师喜欢我,在同学们中间,我才慢慢有了点儿威信和地位,少受了一些欺负。不过直到上大学以后,因为这种处世原则,我还是受过几次伤害。现在我当然已经学会保护自己了。

虽然从小养成的这种处世之道让我吃了不少苦头,但是因为我总是与人为善,尽量和周围的人友好相处,所以我的人缘儿一直很好,而且还赢得了很多真心、善良的朋友。

注释 NOTES

1 所以免不了会闹矛盾

"免不了",不能避免,某种事情一定会发生。例如:
① 刚到国外,免不了会想家。
② 男人碰到漂亮的女人总免不了多看几眼。
③ 这种事情是免不了的。

2 所以免不了会闹矛盾

"闹",发生、经历灾害、疾病等不好的事情。例如:
① 南方正在闹水灾。
② 这个孩子冬天老闹病。
③ 他们两个正闹离婚呢。

3 你不妨当面跟他说说

"不妨",表示可以这样做,不会有什么不好的影响,用于提出比较大胆的建议。例如:

① 这是个机会,你不妨试试。

② A:这个难题我怎么也解决不了。

　　B:你不妨先把它放在一边,过一段时间再说。

4 什么事,竟然让你失眠了

"竟然",用来表示说话人对意想不到的事情感到吃惊的语气和态度。例如:

① 这个小孩子竟然懂这么多道理。

② 他才学了三个月汉语,竟然能说得这么好。

③ A:他是谁?

　　B:你竟然连他都不认识?他是我们的校长啊!

5 真不像话

"像话",只用否定形式"不像话",或反问形式"像话吗",表示言语或行为不合理、不应该。例如:

① 随地乱扔垃圾,真不像话!

② 你总是迟到,像话吗?

③ A:他总把收音机开得声音特别大。

　　B:真不像话!

6 可是我怕说了会惹他不高兴

"惹",用言语、行为使人或动物生气、发火等。例如:

① 你别惹那条狗,它会咬你的!

② 这个孩子常常惹爸爸生气。

另外,还有一些跟"惹"有关的固定词组"惹人喜爱""惹人注意""惹麻烦"等。

练习 EXERCISES

词语练习

1. 用"免不了"完成句子

（1）他刚到国外，人生地不熟，_____。

（2）他刚开始干这个工作，一点儿经验也没有，_____。

（3）在人的一生中，谁也_____。

（4）结婚后和父母生活在一起，_____。

2. 用"不妨"完成对话

（1）A：我不知道为什么，经理最近对我的态度突然变得特别冷淡。
　　 B：_____。

（2）A：你说我能干好这个工作吗？我有点儿担心。
　　 B：_____。

（3）A：我们到底买不买呢？不过他们说如果不满意可以在十天内退货。
　　 B：既然可以退货，_____。

（4）A：我真的不想和他一起去，可又不好意思对他说。
　　 B：_____。

3. 用"竟然"表达你对下面几件事吃惊的态度

（1）你的好朋友结婚了，可是没有告诉你。

（2）有个孩子个子很高，你以为他十岁了，可是他妈妈告诉你他只有六岁。

（3）你的朋友问你一个很简单的问题，你觉得很奇怪，他为什么连这个也不知道？

（4）你的朋友告诉你，他一下子吃了八个面包。

4. 用合适的动词填空

（1）气候越来越反常，有的地方_____水灾，有的地方_____旱灾。

（2）他这会儿心情不好，你别去_____他。

（3）我的朋友还没毕业，正在_____博士学位。

（4）什么时候我们几个老同学_____一次吧？

口头报告

1. 介绍一下你和同学、朋友或同事相处的情况。
2. 介绍一下你的性格和处世之道。

对话练习

内容：你和身边的人闹了不愉快，现在你找他谈一谈，希望化解矛盾。

角色：两个朋友或同事、同学。

词语：误会 开诚布公 不妨 直说

第13课 特别的经历

我们每天都会经历各种各样的事情,谁都会有一些特别的经历,有的时候走运,有的时候倒霉。

生词 NEW WORDS

1	经历	jīnglì	名	experience
2	走运	zǒuyùn	形	lucky
3	倒霉	dǎoméi	形	unlucky
4	按理说	àn lǐ shuō		normally
5	推辞	tuīcí	动	to refuse
6	美	měi	形	happy
7	抛锚	pāomáo	动	to break down
8	偏偏	piānpiān	副	contrary to expectations
9	九牛二虎之力	jiǔ niú èr hǔ zhī lì		tremendous effort
10	泡汤	pào tāng		to fail; to fall through
11	搭车	dā chē		to get a lift
12	逃课	táo kè		to skip class
13	惩罚	chéngfá	动	to punish
14	滋味儿	zīwèir	名	feeling
15	露面	lòu miàn		to show up

16	收获	shōuhuò	名	gains
17	专程	zhuānchéng	副	having a special trip
18	履历表	lǚlìbiǎo	名	resume
19	浑身	húnshēn	名	from head to toe
20	碰壁	pèng bì		to be rebuffed
21	灰心	huīxīn	形	to be disappointed
22	录用	lùyòng	动	to employ
23	凭	píng	介	according to
24	判断	pànduàn	动	to judge
25	眼力	yǎnlì	名	judgement
26	资料	zīliào	名	reference
27	夹	jiā	动	to clip
28	警报器	jǐngbàoqì	名	warning alarm
29	弄	nòng	动	a verb denoting some action not necessary to be explained clearly
30	尴尬	gāngà	形	awkward
31	再三	zàisān	副	again and again
32	马虎	mǎhu	形	careless
33	果然	guǒrán	副	really

课文 TEXTS

1 今天真倒霉

星期五按理说应该上课,[1]可是有几个朋友邀我去郊游,我不好意思过多推辞,只好答应了他们,没去上课。我们是开车去的,一大早就出发了。天儿不错，我们一路吹着风，心里别提多美了。可是车走着走着，突然抛锚了。[2]车是一个朋友的，他的车以前从来没出过毛病，偏偏今天坏了，[3]你说倒霉不倒霉？别人告诉我们前面有个修车店可以修车。等我们费了九牛二虎之力把车推到了，修车店的师傅告诉我们车下午才能修好。要是我们在那儿等一个上午，我们的计划不就全泡汤了吗？

　　我们商量了一下，决定打辆车继续出发。可那是在郊区的公路上，车可真不好打。我们等啊等啊，最后总算有位好心的司机让我们搭车来到了目的地。一到那儿我们就每人租了一匹马骑，可是我那匹马不听话，我刚上去就把我摔了下来，把我的手摔伤了不说，照相机也摔坏了。今天真是祸不单行。我想可能是因为我逃课，老天要惩罚我。以后我再也不逃课了。

2 找工作的滋味儿可真不好受

（汤姆是在北京学习的留学生，比尔是他的同学）

比尔： 嘿，汤姆，好久没露面了，你去哪儿了？

汤姆： 我去香港找工作了。

比尔： 怎么样，有收获吗？

汤姆： 还算有收获吧。不过，找工作的滋味儿可真不好受。

比尔： 你是专程去香港找工作吗？

汤姆： 不是，是去看朋友，顺便了解一下情况。

比尔：你怎么得到信息的？是朋友推荐，还是看报纸上的招聘广告？

汤姆：我看招聘广告，有合适的，我就去应聘。应聘时先填写一些履历表交上去，如果招聘的公司感兴趣，就通知你去面试，面试时决定是否录取。

比尔：我最讨厌面试了。

汤姆：我也一样。面试时总有点儿紧张，浑身不自在。

比尔：但是第一印象很重要，不光是找工作，好多事情都这样。

汤姆：是啊，所以我一开始总是碰壁，真有点儿灰心，不想找了。后来，我的朋友鼓励我再试几家，没想到后来真有一家很不错的公司录用了我。

比尔：不是所有的公司都只凭第一印象判断人的，[4]真正有眼力的人是能看出你是一个人才的。

3 有一次不知怎么的……

人常常会不知不觉做错一些事情，发生误会。有一次，为了准备毕业论文，我去图书馆查资料。我去的是期刊阅览室，杂志不能借出去，只能在里面看。我拿了好几本杂志，看完后又放回去。可是不知怎么的，有一本比较薄的杂志夹在我的大本子里，没有放回去[5]。等我从出口处经过时，警报器突然响了起来。所有的人都朝我看，管理员也跑了过来。他们都以为我要偷杂志，弄得我非常尴尬。[6]我再三向他们解释，他们才相信了我。

4　差点儿来不了了

（小张和小李是朋友，小张去机场接小李）

小张：路上顺利吧？累不累？

小李：不累。你不知道，我今天差点儿来不了了。[7]

小张：怎么回事？

小李：刚到机场，我突然发现身份证不见了。我把所有的衣服口袋和行李都翻遍了也没找到。我心里别提多着急了！

小张：怎么搞的？你总是这么马虎。

小李：我也不知道，我明明把身份证放在了外衣的口袋里，[8]出门时我还再三检查过。

小张：那结果呢？你办了临时身份证吗？

小李：后来开车送我来机场的小王提醒我，在车上我脱过一次外衣，会不会掉在车上了。我们赶紧去看，果然在车的座位下面，[9]原来是我脱外衣时不小心让身份证滑了出来。

小张：你呀，以后可别这么马虎了！

注释 NOTES

1 星期五按理说应该上课，……

"按理说"，按照一般的情况和道理应该……，但实际上并未这样。例如：

① 按理说，春节应该和家里人一起过，可是我工作太忙回不去。

② 按理说，这么大年纪了应该好好享受生活了，可是为了儿女他还在拼命地工作。

2 可是车走着走着,突然抛锚了

"……着……着","动词 + 着"表示正在进行某种动作,"动词 + 着"重叠使用,表示正在进行某种动作时发生了别的事情,做状语。例如:

① 我们聊着聊着,睡着了。
② 昨天洗澡时,洗着洗着没水了。
③ 中午我和汤姆一起吃饭,吃着吃着,他突然说肚子疼。

3 他的车以前从来没出过毛病,偏偏今天坏了

"偏偏",表示事实正好和主观愿望相反,不希望发生的事发生了,非常不巧。例如:

① 本来就快迟到了,偏偏自行车又坏了。
② 我今天不舒服,可是丈夫偏偏又带了几个客人来吃饭。
③ 不想买的时候到处都有,想买时偏偏没有了。

4 不是所有的公司都只凭第一印象判断人的

"凭",意为借助、根据、依靠,借助的对象一般是票据、证件、经验、能力、条件等。例如:

① 学校图书馆要凭图书证借书或阅览。
② 银行卡要凭密码取钱,可是我忘了密码,取不了钱了。
③ 他凭多年的经验觉得这个人是个骗子。
④ 你凭什么管我?
⑤ 他凭个人的努力才有了今天的成功。

5 可是不知怎么的,有一本比较薄的杂志夹在我的大本子里,没有放回去

"不知怎么的",用于口语,表示不知道为什么,在不明原因的情况下发生了某事或出现某种情况。例如:

① 不知怎么的我走错了路。

② 不知怎么的最近我没有胃口。

③ 我不知怎么的突然想给他打电话。

6 他们都以为我要偷杂志，弄得我非常尴尬

"弄得"，有"使、让"之意，用来说明某种动作或情况产生的结果。例如：

① 这几个孩子把房间弄得乱七八糟。

② 他说的话弄得我很不好意思。

③ 他突然改变主意弄得大家都不高兴。

7 我今天差点儿来不了了

"差点儿"，几乎、快要发生某种情况，但实际上没有发生。例如：

① 昨天晚上没有暖气，我差点儿冻死。

② 我去的时候只剩两张票了，差点儿没买到。

③ 我差点儿就买到了，早去五分钟就好了。

8 我明明把身份证放在了外衣的口袋里

"明明"，表示事情很清楚、很明显。大多是在实际中出现了与某一事实矛盾的情况时用来强调这一事实。例如：

① 明明是1000块钱，你为什么非说是1200块呢？

② 明明是你干的，你却不承认。

③ 屋子里明明很干净，可他非要打扫。

9 我们赶紧去看，果然在车的座位下面

"果然"，表示真的出现了所预料、希望或猜想的事情。例如：

① 昨天天气预报说今天有雨，今天果然下雨了。

② 我想总统今天很有可能来参加这个活动，果然总统来了。

③ 我想这个时候他肯定在家，我一打电话，他果然在家。

练习 EXERCISES

词语练习

1. 根据句意和提示词完成句子

（1）我们本来打算今天去野餐，可是偏偏_____。

（2）我想他今天没来上课可能是生病了，果然_____。

（3）你明明知道这件事，_____？

（4）按理说他应该买一件礼物送给她，_____。

2. 用"弄得"把下列各题中的两个句子变成一个句子

（1）他问了我一个问题，使我很尴尬。

（2）他突然说不去了，我们都很不高兴。

（3）他和几个朋友在这儿玩了一个晚上，等我来时发现房间里乱糟糟的。

（4）他这么做，我觉得事情很难办。

3. 用"……着……着"说明下列情况

（1）他吃饭的时候突然觉得肚子疼。

（2）我们一直在聊天，不知不觉天黑了。

（3）他正上着课，突然昏倒了。

（4）我躺在床上看书，后来就睡着了。

4. 根据课文内容，介绍下列情况

（1）课文2中汤姆找工作的经历。

（2）课文4中小李上飞机前发生了什么事情？

口头报告

请尽量选用下列词语，按照课文的模式，介绍你自己的一次特别的经历，也可以虚构。

有一次	不知怎么的		弄得
……着……着，……		偏偏	……不说，还……
不见了	明明	翻遍	果然

1. 一次倒霉的经历
2. 一次在不知不觉中做错的事
3. 一次找东西的经历

第 14 课 我想去旅行

旅行可以长见识，旅行可以改变你的心情。我喜欢去旅行，你呢？

生词 NEW WORDS

1	见识	jiànshi	名	experience; knowledge
2	至于	zhìyú	介	as for
3	具体	jùtǐ	形	concrete
4	风土人情	fēngtǔ rénqíng		local conditions and customs
5	独特	dútè	形	distinctive
6	一连串	yìliánchuàn	形	a chain of
7	数不清	shǔ bu qīng		beyond count
8	围	wéi	动	to surround
9	季节	jìjié	名	season
10	盛产	shèngchǎn	动	to abound in
11	一辈子	yíbèizi	名	all one's life
12	难忘	nánwàng	动	unforgettable
13	愿望	yuànwàng	名	wish
14	终于	zhōngyú	副	finally
15	实现	shíxiàn	动	to come true
16	专门	zhuānmén	副	specially

17	短期	duǎnqī	名	short-term
18	联系	liánxì	动	to contact
19	派	pài	动	to send
20	无法	wúfǎ	动	to be unable to
21	劝	quàn	动	to advise
22	放弃	fàngqì	动	to give up
23	山顶	shāndǐng	名	hilltop
24	欣赏	xīnshǎng	动	to appreciate
25	独自	dúzì	副	by oneself
26	结伴	jié bàn		to go with others
27	自在	zìzai	形	free
28	闷	mèn	形	bored
29	人生地不熟	rén shēng dì bu shú		to be a stranger in a strange place
30	毕竟	bìjìng	副	after all
31	孤单	gūdān	形	lonely

课文 TEXTS

1 去哪儿旅游好

（陈明和孙亮是同学）

陈明：听说你暑假要去旅游，去什么地方想好了吗？

孙亮：出去肯定是要出去，至于去什么地方，还没想好。[1]你有什么好的建议？

陈明：我建议你去四川。

孙亮：四川什么地方？你说具体点儿。
陈明：去四川，成都和峨嵋山这两个地方非去不可。我去年去过，成都棒极了，不仅风景美丽，而且风土人情也很独特。还有，江边有一连串的小吃店，好吃的东西多得数不清。
孙亮：峨嵋山呢？
陈明：峨嵋山就更好玩儿了，山上有很多猴子，它们一点儿也不怕人，常常围着你要吃的。
孙亮：真有意思。我考虑一下你的建议。

2 八月是新疆的黄金季节

你去过新疆吗？新疆可是个好地方。好玩儿的地方很多，吐鲁番啊、哈密啊、喀什啊、天山啊，这些地方你一定要去。你最好八月份去，那可是新疆的黄金季节。一来呢，天气不冷不热，比较舒服。二来呢，正是收获季节，可以大饱口福。你知道吗，新疆可是盛产瓜果的地方，什么葡萄、西瓜、哈密瓜、苹果，样样都好吃得不得了。三来呢，这个时候风景最好。[2]我保证你一辈子都忘不了这次旅行。

3 我最难忘的一次旅行

早就听说长白山天池风景美丽独特，所以到中国以后我一直有个愿望，要去爬一爬长白山，看一看美丽的天池。今年5月，我的愿望终于实现了。我和朋友看到杂志上有一个旅行社专门安排周末短期旅行，其中就有长白山。我们马上和旅行社联系，他们很快就为我们安排好了这次旅行，还派了一位导游。

虽然是5月，可山上却下着大雪。汽车无法开到目的地，导游劝我们放弃爬山，可是我坚持要爬到山顶。等我们到了山顶才发现，因为风雪太大，天池一片白色，什么也看不清楚[3]。可是不管怎么说，我实现了自己的愿望，而且欣赏到了天池独特的雪景。这是我最难忘的一次旅行。

4 独自旅行还是结伴旅行

安娜：我发现你常常一个人去旅行。

保罗：对，我觉得一个人旅游最好，想去哪儿去哪儿，想什么时候走什么时候走，不用跟谁商量，多自在啊！

安娜：是不错，不过也有很多不方便，是不是？比如，一个人坐火车，坐那么长时间多闷得慌啊。[4]

保罗：要想找人聊天还不容易？旁边旅客多的是。[5]一个人出游更容易结识新朋友。

安娜：那倒是。[6]不过我问你，万一你生病了，或者钱包丢了，怎么办？

保罗：当然，一个人出门在外，人生地不熟，困难是免不了的。不过这也是一个锻炼人的好机会，对不对？

安娜：对，但不管怎么说，一个人旅行毕竟有点儿孤单。[7]

注释 NOTES

1 出去肯定是要出去，至于去什么地方，还没想好

"至于"，用来引出前面所谈问题的另一方面，或相关的另一话题。有轻微转折。例如：

① 我只知道他是日本人，至于是日本什么地方的人我就不太清楚了。
② 我们帮你解决住的问题，至于吃饭的问题，你自己解决。
③ 小王这次可以去，至于小李嘛，研究研究再决定。

2 一来呢，天气不冷不热……二来呢，……三来呢，……

"一来（呢）……，二来（呢）……，三来（呢）……"，用于口语，用来列举多项理由、目的、原因、好处等等。例如：

① 这次我到上海，一来观光，二来购物。
② 我派小王去是有原因的，一来他比较年轻，二来在这方面他有很多工作经验，三来他很认真，让人放心。

3 天池一片白色，什么也看不清楚

"一片"，数量词，用来描写风景、场面，表示大面积的景物，相当于"到处都是""满眼都是"。常见的句式结构是"处所名词＋一片＋景物名词"。例如：

① 山上一片玫瑰花儿，美极了。
② 地上一片垃圾，真让人受不了。
③ 图书馆门前一片绿色，真美。

4 一个人坐火车，坐那么长时间多闷得慌啊

"……得慌"，用于口语，用来表示强烈的不愉快的生理、心理感受。例如：

① A：你干吗跟他吵架？
　　B：我心里气得慌。

② 一到11点我就饿得慌。
③ 我热得慌,想吃冰棍儿。

5 旁边旅客多的是

"多的是",用于口语,表示很多。例如:
① 这种人多的是,你不要觉得奇怪。
② 我家里计算机方面的书多的是,你需要的话就来借。
③ 谁说没鸡蛋了? 冰箱里多的是。

6 那倒是

"那倒是",表示同意对方的观点,但是只用于说话人先前不这么认为或没想到,现在经过对方的解释、说明表示同意的情况。例如:
① A:我们国庆节去看香山红叶吧!
   B:国庆节人多,红叶又不太红,我们不如再晚两个星期去。
   A:那倒是。
② A:你怎么总买名牌的衣服,多贵啊!
   B:名牌质量好,又不容易过时。
   A:那倒是。

7 一个人旅行毕竟有点儿孤单

"毕竟",强调不管怎么样,某一客观事实不会改变。例如:
① 这儿的圣诞节有很多活动,也很热闹,可毕竟不是在自己的国家,我还是有点儿想家。
② 他再聪明也毕竟是个孩子。
③ 他们以前看法不同,常常吵架,可他们毕竟是父子关系,很快就原谅对方了。

练习 EXERCISES

词语练习

1. 用"至于"完成对话

（1）A：你希望你的妻子生男孩儿还是生女孩儿？
　　　B：只要母子平安就可以，_____。

（2）A：你知道她住哪个房间吗？
　　　B：我只知道她住八楼，_____。

（3）A：经理，我们怎么办？上海和广州的公司都等着要我们的货，可是货又不够。
　　　B：先给上海的公司吧，_____。

（4）A：代表们希望在会议结束后在这儿多逗留几天，游览一下名胜古迹。
　　　B：没问题，可是我们只负责会议期间的食宿费用，_____
　　　_____。

2. 用"一来（呢）……，二来（呢）……"回答问题

（1）你为什么喜欢冬天去海边？

（2）这次来玩儿你为什么不带孩子一起来？

（3）你喜欢住在校内还是喜欢住在校外？

3. 用"毕竟"改写下列句子

（1）他虽然没考好，可是他确实努力了。

（2）他们虽然已经分手了，可是因为相爱过，彼此还是很关心。

（3）儿子恨了爸爸很多年，但最后还是原谅了他。

（4）他再聪明也只是个孩子，不能胜任这个工作。

（5）他虽然在中国住了很多年，汉语也相当流利，但因为是外国人，还是有很多情况不了解。

4. 根据课文和括号里的提示词，用一句话完成下面的练习

（1）你让你的朋友去某个地方。（建议）

（2）你希望朋友一定要去某个地方旅游。（非……不可）

（3）告诉父母你肯定注意安全，让他们放心。（保证）

（4）描述景色：山上到处都是绿树，非常漂亮。（一片）

口头报告

1. 介绍一个你住过或旅游过的地方。
2. 介绍一次你难忘的旅行。
3. 你喜欢独自旅行，还是结伴旅行？为什么？

对话练习

内容：一方征求另一方的意见，商量去哪儿旅行好。
角色：两个朋友。
词语：建议　最好　非……不可　一来……二来……（三来……）　见识　风土人情

第15课 谁能说自己不喜欢艺术

优美的旋律，奇特的色彩，浪漫的故事……除了吃饭，艺术也是我们的生活。谁能说自己不喜欢艺术？

生词 NEW WORDS

1	优美	yōuměi	形	beautiful
2	旋律	xuánlǜ	名	melody
3	奇特	qítè	形	strange, peculiar
4	浪漫	làngmàn	形	romantic
5	流行	liúxíng	动	popular
6	古典	gǔdiǎn	形	classical
7	通俗易懂	tōngsú yì dǒng		easy to understand
8	流畅	liúchàng	形	smooth
9	相似	xiāngsì	形	similar
10	痛苦	tòngkǔ	形	painful
11	总之	zǒngzhī	连	in a word
12	百听不厌	bǎi tīng búyàn		never to get tired of hearing
13	上演	shàngyǎn	动	to put on the screen
14	动作片	dòngzuòpiàn	名	action movie
15	作家	zuòjiā	名	writer

16	情节	qíngjié	名	plot
17	吸引	xīyǐn	动	to attract
18	迷路	mí lù		to be lost
19	特殊	tèshū	形	special
20	通宵	tōngxiāo	名	throughout the night
21	惊险	jīngxiǎn	形	thrilling
22	刺激	cìjī	动	exciting
23	恐怖	kǒngbù	形	scaring
24	动画	dònghuà	名	cartoon
25	幼稚	yòuzhì	形	naive, childish
26	画展	huàzhǎn	名	art exhibition
27	作品	zuòpǐn	名	works
28	成就	chéngjiù	名	achievement
29	抽象	chōuxiàng	形	abstract
30	稀奇古怪	xīqí gǔguài		strange
31	符号	fúhào	名	symbol
32	图案	tú'àn	名	design
33	采访	cǎifǎng	动	to interview
34	感受	gǎnshòu	名	impression
35	高雅	gāoyǎ	形	elegant
36	显得	xiǎnde	动	to seem

专名

| 秘鲁 | Bìlǔ | Peru |
| 伦敦 | Lúndūn | London |

第15课

课文 TEXTS

1 我喜欢流行音乐

和古典音乐比起来，我更喜欢流行音乐。为什么呢？

第一，流行音乐通俗易懂，旋律简单流畅，很容易记住。我想这也是它为什么流行的原因吧。

第二，流行音乐和我们的生活最接近，它表达的是当代人的思想和感情，很容易理解。

第三，大多数流行音乐都是歌唱爱情的，我们很容易从流行音乐里找到和自己相似的感情经历，比如得到爱情的幸福、得不到爱情的痛苦等等。

总之，我比较喜欢流行音乐[1]。当然，有的听多了有点儿腻，但大多数还是百听不厌。

2 听说是一部很有意思的片子

小田：今天电影院上演了一部有意思的新片，你去不去看？

小方：什么新片？又是动作片吧，我最不喜欢这类片子了。

小田：不是。听说是一部很有意思的片子，名字叫《帕丁顿熊》，是英国的一位作家写的。

小方：是吗？那倒值得一看。[2]什么内容？

小田：据说情节特别吸引人，电影主要讲述了一只喜欢吃果酱的小熊从秘鲁抵达伦敦后迷了路，与人类发生的一系列特殊经历的故事。

3 我们想到一块儿去了[3]

小田：今天是周末，电影院有通宵电影，我们去看电影吧。

小方：太好了，我们想到一块儿去了。有什么电影？

小田：有两场，一场全是恐怖片，惊险、刺激！我们看这一场，怎么样？

小方：上次看恐怖片，吓得我好几天睡不好觉。另一场有什么电影？

小田：都是浪漫的爱情片，里面还有一个动画片。浪漫是浪漫，不过太幼稚了。

小方：我喜欢看轻松的，我们看爱情片吧。

小田：跟你一起看？没劲[4]。我们能想到一块儿，但是看不到一块儿。

4 我不想不懂装懂

小田：昨天我去看了一个画展，是一位法国女画家的个人作品展。

小方：法国的绘画水平一定不错。

小田：是一个比较有成就的年轻女画家，可是除了她的照片外，她的画我一幅也看不懂。

小方：看不懂？

小田：她的作品很抽象，全是一些稀奇古怪的符号和图案，色彩也非常奇特。所以我不知道她要表达什么。

小方：也许她并不希望人们看懂什么。

小田：有意思的是，有个电视台的记者在采访，他让我谈谈感受。

小方：真有意思，你说什么了？

小田：我说太高雅了，我看不懂。

小方：什么？那不显得你太没水平了？

小田：可是我不想不懂装懂。

注释 NOTES

1 总之，我比较喜欢流行音乐

"总之"，在详细说明以后用来概括上文，或下结论。例如：

① 住在学校一是离教室很近，二是学校里有食堂，吃饭方便，另外还容易交朋友，总之，有很多好处。

② 他诚实、善良、和气，总之是个大好人。

2 那倒值得一看

"值得"，后面接动词。一般有这样几种形式：

① 我觉得上海值得去。（后接单音节动词）

② 这个机会不错，值得一试。（后接一 + 单音节动词）

③ 这个机会不错，值得试试。（后接单音节动词重叠式）

④ 这个问题值得研究。（后接双音节动词）

3 我们想到一块儿去了

"想到一块儿去了"，习惯用法，表示有相同的想法或打算。例如：

A：我们去跳舞吧。

B：你跟我想到一块儿去了，我也正想去跳舞。

4 没劲

"没劲",用于口语,相当于"没意思",表示不感兴趣。例如:

① 昨天的足球比赛真没劲,双方都不好好儿踢。
② 这本小说挺没劲的。

练习 EXERCISES

词语练习

1. 词语搭配练习

(1)填写合适的形容词

_____的旋律　　　　_____的色彩

_____的图案　　　　_____的故事

(2)课文里用哪些形容词描述电影的类型?

2. 从课文里选择恰当的词语或句子填空

(1)去吃印度菜?太好了,_____,我也想去吃印度菜。

(2)那本小说很有意思,_____。

(3)我非常喜欢《卡萨布兰卡》里的音乐,听了多少遍都不腻,真是_____。

(4)我没有时间,也没有钱,而且对这个地方也没兴趣,_____ 我不想去。

口头报告

1. 假定你喜欢古典音乐,请模仿课文1的方式,谈谈你为什么喜欢古典音乐。
2. 请用课文2中小田介绍电影《帕丁顿熊》的词语或方式介绍一部你喜欢的电影。
3. 你都看过哪些类型的电影或小说?你最喜欢什么类型?

第15课

对话练习

内容：请朋友看电影、话剧、画展或听音乐会，一方询问，一方介绍。
角色：两个朋友。
词语：（请从课文中选择）

有兴趣你就试一试

看海报。

[1]

北京音乐厅
中国交响乐团交响音乐会

指挥：曼地·罗丹
独奏：许斐平
曲目：以色列赞美诗　　舒曼a小调钢琴协奏曲
　　　德沃夏克第八交响曲
时间：10月24日、25日　19：30
票价：20元　50元　80元　120元

[2]

北京音乐厅
飞天女古筝乐团音乐会

首席：范玮卿
演奏：飞天女古筝乐团
曲目：闹元宵　　浏阳河　　浪淘沙　　放马山歌
　　　猜调　　茉莉芬芳　　碰八板　　包楞调

康定情歌

时间：10月27日　19：30

票价：10元　20元　30元　40元　50元　60元

问题：1. 海报1中是什么音乐会？

2. 海报2中的音乐是用什么乐器演奏的？

[3]

中国美术馆

朱乐耕陶艺展

时间：10月24日～26日

主办：景德镇陶瓷学院、景德镇美术家协会
　　　中央美术学院

时间：10月24日～26日

主办：中央美术学院艺术品有限公司

地址：东城区五四大街1号

[4]

北京艺术博物馆

明清瓷器、家具及手工艺品展览

佛教艺术展

北京文物精华展

时间：9：00～16：30　（周一休息）

地点：苏州街万寿寺内

[5]

民族文化宫
少数民族传统文化展
时间：9：00～16：00　（周六、日休息）
地址：复兴门内49号

[6]

东便门角楼
明清家具展
时间：9：00～16：00
地址：东便门立交桥

问题：1. 如果你想看中国水墨画，应该去什么地方？
　　　2. 如果你想看明清时代的家具展览，应该去哪儿？
　　　3. 民族文化宫在哪儿？

复习三 (第11~15课) 昨天我有个约会

1 王老师，可以跟您谈谈吗？

马　丁：您好，王老师！可以跟您谈谈吗？

王老师：当然可以。请坐。

马　丁：是这样，我妈妈下个星期五结婚，我得回瑞典去参加婚礼。

王老师：你妈妈结婚？

马　丁：是啊，她和我爸爸都离婚十年了，我很高兴她又找到了新的幸福。

王老师：祝福你妈妈。不过，我们下个星期期末考试啊！

马　丁：我就是想和您商量这件事。我能不能提前两天考试？

王老师：这恐怕不行。考试的时间和地点学校都有严格的规定。学生必须在规定的时间内考试，除非生病或有紧急情况。

马　丁：我的情况不紧急，可是对我个人来说很重要。您能不能通融一下？我不想让妈妈失望，也不想错过考试。可以说，两头儿对我都很重要。

王老师：这样吧。学校有规定，考试没通过或有特殊情况的学生可以补考，你可以先去参加婚礼，然后回来补考。怎么样？

马　丁：看来也只能这样了。谢谢您，王老师。给您添麻烦了。

生词 NEW WORDS

| 1 | 紧急 | jǐnjí | 形 | critical |
| 2 | 补考 | bǔkǎo | 动 | to take make-up examination |

复习要点

1. 马丁有什么请求？他是怎么提出来的？王老师拒绝后，他又怎么进一步请求的？
2. 王老师为什么不同意马丁的请求？后来又提出什么解决办法？

对话练习

你因故不能完成作业或某项任务，向你的老师或老板请求宽限时间。

2　谁都怕王小明

（东东是个小学生，放学回家，见到妈妈）

妈妈：东东，你怎么了？脸色这么难看？怎么脸上还有伤？

东东：没事。我不小心摔倒了。

妈妈：不对吧？这明明是抓伤的。是和别人打架了吧？快跟妈妈说实话。

东东：是王小明。他要我借给他钱，我没借，他就打了我，还抓破了我的脸。

妈妈：这太不像话了！你告诉老师了吗？

东东：我不敢告，要是让他知道了，他会打我更狠。我们班谁都不敢惹他。

妈妈：你们不能这么软弱。同学之间要与人为善，可是也不能受欺负。明天我去找你们老师，要他惩罚王小明。

东东：没用的，他才不听老师的话呢。

妈妈：那我就去和他谈，我知道怎么教育他和同学友好相处。

生词 NEW WORDS

1	抓	zhuā	动	to grab, to scratch
2	打架	dǎ jià		to have a fight

对话练习

设想你是东东的妈妈，去找王小明谈一谈。

3 昨天我有个约会

（下面是小张讲他第一次和女朋友见面的经历）

昨天朋友介绍我认识了一个女孩儿，叫陈雨。我们约好在一家咖啡馆见面。和女孩子约会第一印象很重要，所以我特别打扮了一番。我还早到了二十分钟，一来表示礼貌，二来是给自己一点儿时间，好放松一下，省得见面时太紧张。我正在往窗外看时，陈雨来了。她很漂亮，衣服也很有品位。我本来很放松，不知怎么的一下子紧张起来。我站起来和她握手时，不小心碰倒了一把椅子，弄得我很尴尬。我们坐下来后，点了两杯饮料，就开始聊天儿。我们先是作了一下自我介绍，接着开始谈一些我们双方都很感兴趣的话题，没想到我们的共同语言还挺多。聊着聊着,天就黑了。陈雨提出来要回家。我就叫服务员来结账,并说我买单。可是付钱的时候,我翻遍了所有的衣服口袋也没找到我的钱包。我出门时明明把钱包放在上衣口袋里了,可是怎么就不见了呢? 陈雨看我着急的样子,就面带微笑地把自己的钱包拿出来付了账。我真是不好意思,再三向她道歉和感谢。我想这第一次约会算是砸了,她再也不会理我了。没想到她临走时竟给了我她的电话号码,让我给她打电话。

生词 NEW WORDS

| 1 | 结账 | jié zhàng | to settle accounts |
| 2 | 买单 | mǎi dān | to pay bill |

复习要点

1. 小张有什么事情? 为此他做了哪些准备?
2. 和陈雨刚见面时,小张表现怎么样?
3. 最后结账时发生了什么事情?

口头报告

请向别人转述小张昨天的经历或你的类似经历。

4 你喜欢毕加索(Picasso)吗

有人说看不懂毕加索的画,因为太抽象了,全是一些稀奇古怪的符号和图案。可是我要说,毕加索艺术的魅力就在这里,因为它介绍给你一种全新的艺术形式。这种新的艺术形式启发你从不同的角度看人和事物。毕加索把人和事物不同的侧面放在一个平面上,真的是对古典绘画的革命,也改变了人们传统的审美习惯。

生词 NEW WORDS

1	魅力	mèilì	名	charm, glamour
2	侧面	cèmiàn	名	aspect, side
3	革命	gémìng	名	revolution
4	审美	shěnměi	动	aesthetics

口头报告

1. 你喜欢毕加索吗?为什么?
2. 你喜欢什么艺术?请简单谈谈你对某一种艺术形式的看法。

第16课 轻轻松松挣大钱

你喜欢什么样的工作？有一次我看见一个搬运工在烈日下挥汗如雨地工作，但他的衣服上写着："轻轻松松挣大钱"。

生词 NEW WORDS

1	搬运工	bānyùngōng	名	a porter
2	烈日	lièrì	名	burning sun
3	挥汗如雨	huī hàn rú yǔ		dripping with sweat
4	看重	kànzhòng	动	to regard as important
5	发挥	fāhuī	动	to do one's justice to do sth.
6	宁可	nìngkě	副	would rather
7	谋生	móushēng	动	to make a living
8	手段	shǒuduàn	名	means
9	受罪	shòu zuì		to have a hard time
10	倾向	qīngxiàng	动	to trend
11	拼命	pīnmìng	副	with all one's might
12	适当	shìdàng	形	appropriate
13	趁	chèn	介	to take opportunity to
14	基础	jīchǔ	名	base

15	出头	chūtóu	动	a little over (used after a number)
16	力所能及	lìsuǒnéngjí		in one's power
17	范围	fànwéi	名	range
18	在于	zàiyú	动	to depend on
19	开心	kāixīn	形	happy
20	摇滚乐	yáogǔnyuè	名	rock'n'roll
21	外甥	wàisheng	名	nephew
22	熬夜	áo yè		to stay up late
23	以……为生	yǐ……wéishēng		to live on
24	大祸临头	dà huò líntóu		disaster is imminent
25	电气工程师	diànqì gōngchéngshī		electric engineer
26	养活	yǎnghuo	动	to support
27	何必	hébì	副	there is no need to do sth.
28	源泉	yuánquán	名	source
29	说服	shuōfú	动	to persuade
30	一旦	yídàn	副	once
31	稳定	wěndìng	形	steady
32	动荡	dòngdàng	动	to be in upheaval
33	跳槽	tiào cáo		to change job

第16课

课文 TEXTS

1 听说你找到了很好的工作

（苏立和周达是好朋友）

苏：听说你找到了一份很好的工作，待遇怎么样？

周：还可以。不过，我倒不是特别看重这些，重要的是能做自己喜欢的工作，能发挥自己的才能。

苏：当然，能做自己喜欢的工作再好不过了。可是要想两全挺难的，如果要我在两者之间选择，我宁可选择待遇高的。[1]工作不就是谋生的手段吗？

周：可是工作是生活中很重要的一部分，干一份不喜欢的工作，那不是活受罪吗？现在人们越来越倾向于享受生活，很多人选择轻松、喜欢的工作，不要太多的钱，也就没太大的压力。

苏：说实话，我也不喜欢只是为了钱而拼命工作，人总得适当地休息、放松。但是我觉得人应该趁年轻努力工作，打下基础[2]，等退休了再享受也不迟。

周：那不是太晚了吗？

2 如果你每天都是硬着头皮去上班……[3]

一个人在20岁刚出头时很难判断出哪个职业适合自己。但是不必着急，你不妨在力所能及的范围里选择一个自己比较喜欢的工作。30岁以前的工作不该考虑钱的问题，判断好坏的标准只有一个,那就是能不能学到很多东西。理想的职业不在于收入多少、工作环境怎么样,重要的是是不是适合你,你干这行开心不开心。如果每天都是硬着头皮去上班,待遇再高也没什么意思。

3 摇滚青年

我的一个外甥考进了清华大学,他爱好摇滚乐,白天上课,晚上弹吉他。清华的功课可不是闹着玩儿的,每当考期临近,他就要熬夜准备功课,几个学期下来,瘦得可以飘起来。他还想毕业后以摇滚乐为生。

不要说他的父母觉得大祸临头,连我这个当作家的舅舅,也觉得玩儿摇滚很难谋生[4]。我得负起舅舅的责任,劝他毕业后还是去做电气工程师。可是他说他爱好音乐。我说:"你先挣些钱来养活自己,再去爱好也不迟。摇滚乐我不懂,但似乎不是一种快乐的生活。"我外甥马上接着说:"何必要快乐呢?[5]痛苦是艺术的源泉。"我说:"不错,痛苦是艺术的源泉,但不必是你自己的痛苦,别人的痛苦也可以是你艺术的源泉,如果你受苦,你可能成为别人的艺术源泉。"

虽然我自己并不这么认为,没想到却把外甥说服了,他同意好好儿念书,毕业以后不搞摇滚乐,进公司去挣大钱。

4 这山望着那山高

我五年换了三次工作,这对那些一个工作干一辈子的人来说,可能很难理解。可是我发现,一旦你换了一次工作,你就不在乎第二次、第三次了。[6]有人说我是这山望着那山高,可是谁不希望自己生活得更好?有的人喜欢稳定,害怕动荡,而我喜欢在变化中寻求发展。如果有更好的机会,我还会跳槽的。

注释 NOTES

1 如果要我在两者之间选择,我宁可选择待遇高的

"宁可",用来表明在经过比较后选择什么。常用句式有"宁可……也要……"及"宁可……也不……"。

(1)宁可……也要……,"宁可"后面接的是不太希望发生的事情,但是因为"也要"后面的事情太重要,所以为了后者选择前者。例如:

① 父母宁可卖掉房子也要为孩子治好病。

② 我宁可不睡觉也要干完这个工作。

(2)宁可……也不……,"宁可"后面接的是不太希望发生的事情,但是"也不"后面是更不喜欢的事情,为了不让后者发生,选择前者。例如:

① 我宁可饿死,也不向别人要钱。

② 他宁可自己受累受苦,也不愿让他的孩子受穷。

有时候,只出现"宁可……"一个句子,如课文中就是。

2 但是我觉得人应该趁年轻努力工作,打下基础

"趁",介词,利用有利的时机。例如:

① 小偷趁他不注意,把他的钱包偷走了。

② 孩子趁妈妈睡着了，从家里跑了出来。

③ 你赶紧趁热吃，凉了就不好吃了。

3 如果你每天都是硬着头皮去上班……

"硬着头皮"，意思是强迫自己去做不愿意、不喜欢、害怕的事情。例如：

① 他特别害怕见妻子的家人，可是为了妻子，还是硬着头皮去她家做客。

② 自从那次上课出了丑，他每次都是硬着头皮去上课。

4 不要说他的父母觉得大祸临头，连我这个当作家的舅舅，也觉得玩儿摇滚很难谋生

"不要说（也作'别说'）……"，多和关联词"连……也……"或"就是……也……"或"哪怕……也……"等连接的复句一起出现。它连接的句子表达的是和这些复句所表明的情况相比更容易、更明显会怎么样或不会怎么样的情况。例如：

① 这个柜子太沉了，不要说一个人，就是两个人抬着也费力。

② 提起孔子，别说中国人，连外国人也知道。

5 何必要快乐呢

"何必……呢"，表示没有必要做什么事。例如：

① 这种东西国内多得很，你何必要从国外买呢？

② 你何必为这么点儿小事和他吵架呢？

也可单说"何必呢"。例如：

③ 为这么点儿小事吵架，何必呢？

6 一旦你换了一次工作，你就不在乎第二次、第三次了

"一旦……就……"，表示某些事情很少发生或很难做到，但是只要发生了，一定会产生某种结果。例如：

① 一旦养成抽烟的习惯，就很难戒掉。

② 地铁里人那么多，一旦发生事故就会造成严重后果。

③ 人一旦学会了游泳就不会忘记。

练习 EXERCISES

词语练习

1. 用"宁可"改写下列句子

（1）我不喜欢吃这个菜，所以饿着也不吃。

（2）他不喜欢自己的儿女，打算把遗产留给外人也不给他们。

（3）为了供孩子上大学，这位母亲一个人做两份工作，非常辛苦。

（4）他不喜欢那条路，每次去学校都绕远路。

（5）为了方便大家，我自己辛苦一点儿没关系。

2. 用"趁"改写下列句子

（1）妈妈在孩子睡着的时候干了一些家务。

（2）老板不在，我们休息一会儿吧。

（3）你最好在我在这儿的时候办这些事，有什么困难我还可以帮你。

（4）现在天还没黑，我们赶紧把最后几棵树种上吧。

3. 完成句子

（1）A：我给你一个月的时间，你能完成吗？

　　B：不要说_____，就是_____也完不成。

（2）别说_____，就是成年人也受不了。

（3）A：他出过国吗？

　　B：他连_____也没_____，不要说_____。

（4）别说_____，就是_____也搬不动这块石头。

4. 用"何必"完成对话

（1）A：这个孩子真是气死我了！

　　B：_____？

（2）A：我想去中国学做中国菜。

　　B：我可以教你，_____？

（3）A：我得去学校看看什么时候开学。

　　B：打个电话不就行了，_____？

（4）A：我想去昆仑饭店吃韩国菜。

　　B：附近这么多韩国餐厅，_____？

5. 用"一旦……就……"把下列每组词语各组成一个句子

（1）喝酒　　　戒掉

（2）爱上　　　忘记

（3）错误　　　纠正

（4）发现　　　偷税　　　罚

（5）得了　　　病　　　治好

口头报告

1. 根据课文1总结一下苏立关于工作的看法。

2. 根据课文1总结一下周达关于工作的看法。
3. 你喜欢长期干一个工作,还是经常换工作?

讨论

　　有的人认为找工作应该喜欢什么就做什么,有的人认为工作就是为了钱,你倾向于哪一种观点?

第17课 永远的爱情永远的家

生词 NEW WORDS

1	恋爱	liàn'ài	动	to fall in love
2	分手	fēn shǒu		to part company
3	独身	dúshēn	动	unmarried
4	和好	héhǎo	动	to be reconciled
5	外遇	wàiyù	名	extramarital relations
6	复婚	fù hūn		(of a divorced couple) to remarry each other
7	再婚	zàihūn	动	to remarry
8	登记	dēngjì	动	to register (for marriage)
9	三角恋爱	sānjiǎo liàn'ài		love triangle
10	成家	chéng jiā		to get married
11	别扭	bièniu	形	unnatural; awkward

12	尚未	shàng wèi		not yet
13	积极	jījí	形	active
10	单身	dānshēn	动	to live alone
15	过渡	guòdù	动	to transit
16	迟早	chízǎo	副	sooner or later
17	撒谎	sā huǎng		to lie
18	主持人	zhǔchírén	名	host, compere
19	品质	pǐnzhì	名	character
20	对待	duìdài	动	to treat
21	叙旧	xù jiù		to talk about the old days
22	避免	bìmiǎn	动	to avoid
23	有利	yǒulì	形	advantageous
24	反而	fǎn'ér	副	on the contrary
25	谈婚论嫁	tán hūn lùn jià		to be willing to marry
26	美满	měimǎn	形	happy
27	充满	chōngmǎn	动	to be full of
28	竞争	jìngzhēng	动	to compete
29	奢望	shēwàng	名	a wild wish
30	应酬	yìngchou	名	a social engagement
31	甚至	shènzhì	副	even
32	后果	hòuguǒ	名	consequence
33	缺乏	quēfá	动	to be short of, to lack
34	沟通	gōutōng	动	to communicate

课文 TEXTS

1 结婚又叫成家

我有一个同事,他已经离婚多年,长期一个人生活。每次他对我说"我要回家了",或者"我家新装了空调"等等"我家如何如何"的话时,我就觉得别扭,可是又不知道为什么。后来仔细想想,原来是因为觉得他离了婚,一个人生活就没有家了。

中国人一般认为,一个人离开父母独自生活后,一定要结了婚才算有了家。所以结婚又叫成家,在传统思想里是不接受独身生活的。如果一个人到了婚龄尚未婚嫁,他的亲人、朋友、同事便积极、热心地为他寻找结婚的对象。他们认为单身生活只是结婚前的过渡状态,每个人迟早都要结婚的。

当然,随着社会发展,对于单身还是结婚,人们的选择已经越来越开放了。[1]

2 你对爱人撒谎吗

(张女士是电视节目主持人,冯先生是一位导演,下面的谈话是电视采访)

张:您对爱人撒谎吗?

冯:当然,不光对爱人,对谁都有可能。

张：从小老师就教育我们要做诚实的好孩子，撒谎难道不是一种坏品质吗？

冯：对待这个问题不能太死板。举个例子，我跟和我爱人认识之前的一个女朋友吃了顿饭，只是叙叙旧，没做什么破坏家庭的事儿。但是我的妻子可能接受不了，为了避免争吵，我干吗不说跟一个男人喝酒去了，非说和一个女人在一起？这样的撒谎我认为值得，因为有利于家庭的稳定。

张：可是一旦你的妻子发现你是在撒谎，不是反而更伤害她吗？[2]

冯：对，这个问题避免不了。但是我劝人们想开一点儿，[3]如果你的爱人骗你，说明他还重视你，不想破坏你们的关系，如果他连谎也懒得撒了，说明他就真的不爱你了[4]。这不是更可怕吗？

张：谢谢你说了这么多真话。

3 就是有妻子，恐怕也快离婚了

我在一家贸易公司工作，还没有结婚，也没有可以谈婚论嫁的男朋友。说实话，我对自己将来能否有美满的婚姻没有太大的信心。我觉得在这样一个充满竞争、压力的时代，幸福稳定的婚姻和家庭真的是一个奢望。

就拿我的老板来说，[5]他是一个三十出头的男人，因为工作太忙、应酬太多，几乎每天都是夜里十一二点回家，有时甚至更晚。[6]再加上三天两头出差，我不敢想象他的家庭生活是个什么样子，我想就是有妻子恐怕也快离婚了。我还有一些同事和朋友，他们不是丈夫被派到外地工作了，就是妻子出国留学了，我不知道这样的长期分居会带来什么后果。时间长了,难免不会有外遇,也难免缺乏感情上的交流和沟通[7]。我觉得,随着社会的发展,婚姻和家庭将面临越来越多的困难。

注释 NOTES

1 随着社会发展,对于单身还是结婚,人们的选择已经越来越开放了

"随着……,……"表明一种情况伴随着另一种情况同时出现。例如:
① 随着中国的改革开放,人民的生活水平提高了。
② 随着工业的发展,环境污染越来越严重。

2 可是一旦你的妻子发现你是在撒谎,不是反而更伤害她吗

"反而",表示按理说某一现象或情况应该导致某种结果,可是实际上却出现了相反的结果。"反而"后面引导的正是这种相反的结果。例如:
① 天气热时他穿得很多,现在天冷了他反而穿得少了。
② 我考试前很紧张,考试时反而不紧张了。
③ 睡多了反而没精神。

3 但是我劝人们想开一点儿

"想 + 开",表示总是看到事情好的方面,对任何事情都用充满信心和希望的乐观、开放的思考方式。例如:
① 你要想开点儿,困难总会过去的。
② 公司破产后,他想不开,自杀了。
③ 我已经想开了,不再为过去的事情烦恼了。

4 如果他连谎也懒得撒了，说明他就真的不爱你了

"懒得"，表示因为疲劳或没有兴趣等原因而不愿意做某事。例如：
① 我有点儿不舒服，懒得做饭。
② 这门课没意思，我懒得去上。
③ 他这个人有点儿讨厌，我懒得理他。

5 就拿我的老板来说

"就拿……来说"，在从总体上说明某一情况后，用来举出个别的例子，或提出某一个方面进一步说明。例如：
① 最近我们公司迟到、早退现象比较严重，就拿销售部来说，今天就有五个人迟到。
② 汉语太难学了，就拿汉字来说吧，我觉得简直跟天书一样。
③ 今年物价比较稳定，就拿大米来说吧，不但没有涨，还下降了10%。

6 几乎每天都是夜里十一二点回家，有时甚至更晚

"甚至"，用来提出同类情况中程度最高的。例如：
① 他最近睡得很少，有时甚至只睡两三个小时。
② 他对孩子们的态度特别不好，甚至打骂孩子。
③ 他总是回家很晚，有时甚至不回来。

7 时间长了，难免不会有外遇，也难免缺乏感情上的交流和沟通

"难免"，很难避免，表明事情发生的可能性很大。值得注意的是，"难免"后面加不加否定词意思一样。例如：
① 没有经验，工作起来难免（不）出差错。
② 因为不了解本地的风俗习惯，难免（不）闹笑话。

练习 EXERCISES

词语练习

1. 用"反而"完成句子

（1）我是好心帮助他，没想到他没有感谢我，_____。

（2）他想劝她别伤心了，可是没想到她_____。

（3）真奇怪，我的病吃了那么多药也不好，不吃药了_____。

（4）没得到的时候很喜欢，得到了_____。

（5）他原来水平还可以，怎么学了一段时间以后_____。

2. 用"甚至"完成句子

（1）那一段时间他很穷，有时_____。

（2）最近工作太忙，有时忙得_____。

（3）那个班的学生汉字水平很差，有的人_____。

（4）这本书里的文章太难了，有的_____。

（5）他最近头疼越来越厉害，有时疼得_____。

3. 用"随着……，……"句型改写下列句子

（1）中国经济发展很快，很多外国人开始学汉语。

（2）社会发展了，人们的道德观也发生了变化。

（3）两国交往增多以后，同时也增进了两国人民之间的相互了解。

（4）环保意识增强了，人们越来越重视保护环境。

4. 填空

（1）人们觉得结了婚才_____成了家。
（2）锻炼有利_____身体健康。
（3）想开点儿，钱没了还可以再挣，你千万别想不_____。
（4）最近这个孩子常常_____谎。
（5）我们生活在一个_____竞争和压力的时代。
（6）随着经济的发展，社会将_____越来越多的问题。

5. 根据课文回答下列问题

（1）中国传统思想怎么看待单身这种生活方式？
（2）课文2中的冯先生关于该不该对爱人撒谎的观点是什么？
（3）课文3中的"我"为什么对将来的婚姻是否美满没有信心？

口头报告

1. 独身与结婚这两种生活方式有什么优缺点？你倾向于哪一种生活方式？
2. 你对现在的家庭婚姻有什么看法？

讨论

1. 你认为该不该对爱人撒谎？
2. 随着时代的发展，婚姻、家庭将会发生什么变化？

第18课 地球村

我有一位美国朋友,他住在北京。有一次他去修自行车,修车师傅对他说:"真有意思!为什么中国人要到外国去,外国人却到中国来呢?"你说呢?我真希望我们的地球有一天真的变成了地球村。

生词 NEW WORDS

1	地球村	dìqiúcūn	名	global village
2	圈	quān	动	to encircle
3	小圈子	xiǎo quānzi		small circle
4	交往	jiāowǎng	动	to associate with
5	自然	zìrán	形	natural
6	障碍	zhàng'ài	名	obstacle
7	融入	róngrù	动	to be perfectly adapted to
8	关键	guānjiàn	名	key point
9	主动	zhǔdòng	形	to do sth. of one's own accord
10	亲热	qīnrè	形	intimate
11	平淡	píngdàn	形	cool

12	亲吻	qīnwěn	动	to kiss
13	拥抱	yōngbào	动	to embrace
14	纳闷儿	nà mènr		to feel puzzled
15	陌生	mòshēng	形	strange
16	含蓄	hánxù	形	implicit
17	表露	biǎolù	动	to reveal
18	私人	sīrén	名	private
19	随口	suíkǒu	副	to speak thoughtlessly
20	表白	biǎobái	动	to express clearly
21	彼此	bǐcǐ	代	each other
22	体会	tǐhuì	动	to realize
23	偏见	piānjiàn	名	prejudice
24	含糊	hánhu	形	unclear
25	坦率	tǎnshuài	形	frank
26	得罪	dézuì	动	to offend
27	个别	gèbié	形	very few
28	保守	bǎoshǒu	形	conservative
29	礼节	lǐjié	名	etiquette
30	千差万别	qiān chā wàn bié		to be in endless variety
31	同感	tónggǎn	名	the same feeling
32	本质	běnzhì	名	nature
33	帮	bāng	量	group
34	比萨饼	bǐsàbǐng	名	pizza
35	新奇	xīnqí	形	new
36	大可不必	dà kě búbì		unnecessary

| 37 | 融合 | rónghé | 动 | to mix together |
| 38 | 乐观 | lèguān | 形 | optimistic |

专名

| 麦当劳 | Màidāngláo | | McDonald's |

课文 TEXTS

1 我从来不把自己圈在小圈子里

（玫瑰和木村都是在中国学习的外国留学生）

木村：玫瑰，你能不能给我介绍一位中国朋友？

玫瑰：你是不是想找个中国朋友练习口语？

木村：我一方面是想练习说话，一方面是想交朋友。[1]我原以为到中国来，可以有很多机会和中国人交往，但实际上真正接触的机会很少。生活在校园里，交往的都是留学生，而且大多是在本国人的小圈子里。我常常觉得跟没出国一样。

玫瑰：我想这是很自然的事情，因为语言和文化的障碍，一个人是很难融入另一个社会的。不过关键还要看个人的努力，[2]如果你努力去做，情况会好得多。

木村：就像你一样？

玫瑰：我不敢说我做得很好，不过我努力了。我从来不把自己圈在小圈子里，会主动去外面走走、看看，和中国人交朋友，他们都很热情好客。

2 为什么他们不那么亲热呢？

（汤姆、木村和保罗是来中国学习的三个外国留学生）

汤姆：我有一个中国朋友，他在美国学习。有一次他的爱人从中国来看他，我陪他去机场接人。他们已经分别近两年了，可是他们见面的时候竟是很平淡，没有亲吻，没有拥抱，也没  有说"我爱你""我想你"这类的话。我心里真是纳闷儿。我知道他们夫妻感情很好，可是他们为什么不那么亲热呢？后来我想大概是因为好长时间没见面了，互相觉得有点儿陌生。

木村：有这方面的原因。但关键还是中国人表达感情的方式和你们西方人不太一样。他们比较含蓄，不愿意在公共场合表露私人间的感情，特别是夫妻之间的。不像你们美国人"宝贝儿，我爱你"之类的话就挂在嘴边，随口就说，也不管旁边有没有外人。

保罗：我也早就注意过这个问题。中国人的含蓄有时候也并不是因为场合的问题。我妻子是中国人，她和她父母关系很好，他们非常爱她。可是他们从来没有直接说过爱她的话。我也没有看见过他们用拥抱、亲吻的方式表达感情。我妻子说，爱是无需表白的，他们彼此体会得出来。[3]

3 其实我们都难免有偏见

（李德浩、布朗也是外国留学生，他们加入汤姆、木村的讨论）

汤　姆：我和中国人接触时发现，有时候他们说话有点儿含含糊糊，你不知道他们真实的看法到底是什么。他们为什么不能坦率一点儿？

李德浩：大多数中国人不愿意说出真实的看法，是不想惹人不愉快。你知道，有时候真话很容易得罪人的。中国人讲究"和为贵"。

汤　姆：这是古代中国人的处世之道吧？昨天我还在街上看见两个中国人为一件小事吵得不可开交呢。[4]

布　朗：你看到的只不过是个别现象。我们看另一个国家的人都难免有些偏见。比如人们常常觉得美国人都很开放，英国人都很保守，日本人都很讲究礼节，其实在各个国家内部，人们都是千差万别的。

木　村：我也有同感。越了解那个国家，越能发现这一点。[5]虽然各个国家文化习俗不同，但人的感情在本质上是相通的，所不同的只是性格罢了。

4 吃麦当劳长大的孩子们

陈新：你说，这帮孩子为什么这么喜欢外国的东西？吃麦当劳、比萨饼，听外国流行音乐，看美国电影，我真不明白，是什么吸引

了他们？

马阅：我觉得这是很自然的事情，年轻人总是对新奇的事物感兴趣。

陈新：可是我真担心这些吃麦当劳长大的孩子会丢掉中国的传统。

马阅：你这种担心大可不必。我们现在就是生活在一个不同文化相互影响、相互融合的时代，你吸收外来东西的同时，不会丢掉自己的东西，自己反而会发展得更好。

陈新：对这个问题我没你那么乐观。

注释 NOTES

1 我一方面是想练习说话，一方面是想交朋友

"一方面……，一方面……"，用来连接并列的两种相互关联的情况。例如：

① 我来中国，一方面想了解一下市场的情况，一方面想了解一下中国的风土人情。

② 你一方面要好好儿学习，一方面要注意身体。

③ 要想学好一门外语，必须一方面学好语法、词汇，一方面多听多说。

2 不过关键还要看个人的努力

"关键"，名词，最重要的部分，起决定作用的因素，也做形容词。例如：

① A：为什么我们总不能成功？

　　B：关键是我们没有做好广告宣传。

② 我们企业成功的关键在于产品质量。

③ 现在最关键的问题是钱。

④ 打高尔夫球姿势很关键。

3 他们彼此体会得出来

"彼此",这一方和那一方,指有关系的双方。例如:

① 我们刚刚认识,彼此还不太了解。

② 他们彼此明白对方的想法。

另有一些习惯用法:

① 他们俩好得不分彼此。(关系特别好)

② A:辛苦了!

　　B:彼此,彼此。(你也一样辛苦)

4 昨天我还在街上看见两个中国人为一件小事吵得不可开交呢

"不可开交",无法解决或结束,只做补语,说明程度高。例如:

① 两人打得不可开交。

② 他们闹离婚闹得不可开交。

③ 最近我忙得不可开交。

5 越了解那个国家,越能发现这一点

"越……,越……"表示一方面的情况随着另一方面情况程度的加深而加深。例如:

① 小李越对他好,他越不喜欢她。

② 这幅画越看越好看。

③ 题目越难,我越觉得有意思。

练习 EXERCISES

词语练习

1. 用"一方面……,一方面……"回答问题

(1) 你为什么要学习汉语呢?

（2）我们的产品怎么才能卖出去呢？

（3）你为什么要选择这个工作？

（4）怎样才能学好汉语？

（5）怎么才能经营好这个餐厅？

2. 用"关键"改写下列句子

（1）学习汉语，汉字很重要。

（2）现在最大的问题是我们没有钱。

（3）我们的产品能不能卖出去主要靠质量，光靠做广告不行。

（4）我看，问题主要在于我们不了解市场。

（5）你知道这个问题最重要的部分在哪儿吗？

3. 用"越……，越……"把下列词语连起来

（1）这个菜　吃　喜欢吃

（2）天气　冷　感冒

（3）接触　多　了解

（4）锻炼　健康

4. 根据课文中的句式，用一句话完成下列练习

（1）对方为一件事感到奇怪，你告诉他这没什么，很正常。

（2）告诉别人你和他有一样的想法。

（3）告诉对方他的担心没有必要。

（4）用"我原以为……，但实际上……"这个句式介绍一件实际情况与你原来想法不一样的事情。

5. 根据课文内容，回答下列问题

（1）课文1中的木村为什么想找一个中国朋友？他到中国来在生活上有什么困难？他的朋友玫瑰怎么看待这个问题？

（2）在课文2、3中，外国留学生们发现中国人的性格和行为方式有什么跟他们不一样的地方？

口头报告

1. 介绍一下你对中国社会和文化感兴趣的地方。
2. 介绍一下你们国家年轻人对待外来文化的态度。

讨论

1. 你怎样看待不同国家在文化习俗方面的差异？
2. 现在在亚洲国家，很多年轻人倾向于以美国为中心的西方流行文化，你怎么看待这个问题？

第19课 我们的生活

现代化的生活方便舒适，现代化的生活让人眼花缭乱，现代化的生活也有种种缺憾。你对现代化的生活有什么感受？请你谈一谈。

生词 NEW WORDS

1	舒适	shūshì	形	comfortable
2	眼花缭乱	yǎnhuā liáoluàn		to be dazzled
3	缺憾	quēhàn	名	regret
4	堵车	dǔ chē		traffic jam
5	幸亏	xìngkuī	副	fortunately
6	堵塞	dǔsè	动	to jam
7	高峰	gāofēng	名	peak (hour)
8	水泄不通	shuǐ xiè bù tōng		not even a drop of water could trickle through
9	混乱	hùnluàn	名	disorder
10	造成	zàochéng	动	to cause
11	图	tú	动	to pursue
12	遵守	zūnshǒu	动	to obey
13	规则	guīzé	名	rule
14	控制	kòngzhì	动	to control

15	地步	dìbù	名	degree
16	普遍	pǔbiàn	形	common
17	照样	zhàoyàng	副	as before
18	干脆	gāncuì	副	just, simply
19	反正	fǎnzhèng	副	anyway
20	以不变应万变	yǐ bú biàn yìng wàn biàn		to cope with shifting events by sticking to a fundamental principle
21	天各一方	tiān gè yì fāng		to be far apart geographically
22	距离	jùlí	名	distance
23	思念	sīniàn	动	to miss, to have in mind
24	颠倒	diāndǎo	动	to reverse
25	微信	wēixìn	名	Wechat
26	视频	shìpín	名	video
27	分享	fēnxiǎng	动	to share
28	异国风情	yì guó fēngqíng		exotic
29	虚拟	xūnǐ	动	to invent, to fabricate
30	代替	dàitì	动	to replace
31	环保	huánbǎo	名	environmental protection
32	堆	duī	量	pile; heap
33	花花绿绿	huāhuālǜlǜ	形	colorful
34	包装	bāozhuāng	动/名	to pack; package
35	回归	huíguī	动	to return
36	提倡	tíchàng	动	to advocate
37	消耗	xiāohào	动	to consume
38	资源	zīyuán	名	resource

课文 TEXTS

1 今天又堵车了

（早晨，罗杰气喘吁吁地跑来上班，碰到同事张立同）

张：今天又堵车了？ 幸亏我出来得早，不然准得迟到。[1]

罗：现在交通堵塞真是成问题，特别是高峰时间简直水泄不通。车太多了，路又太少了。

张：依我看，主要是交通混乱造成的堵车。路上有骑车的，有走路的，有开车的，再加上有的人只图快，根本不遵守交通规则，很容易发生交通事故。一旦发生事故，就会严重堵塞交通。

罗：不过出事故的时候毕竟少。我看，要想解决交通堵塞，还得控制车辆增加的速度。中国经济发展这么快，问题会越来越严重的。应该早点儿想办法，等问题到了无法解决的地步就晚了。[2]

张：一个国家在发展时期，问题总是很多的。

罗：其实交通堵塞是一个非常普遍的问题。美国可以说交通非常发达，可是有的地区照样有这样的问题。[3]前一段时间我听广播介绍说，西雅图市政府想出一个有效控制车辆增加的办法，就是不再扩建公路。

张：什么意思？

罗：因为根据他们的经验，路修得越多，买车的人越多，所以干脆不修了，[4]反正修再多的路也没用。[5]

张：这真是以不变应万变。

2 网上谈情

我丈夫在加拿大留学，我在北京教书，因为各自的事业，我们不得不天各一方，两地分居。距离产生美，更产生爱，我们都很思念对方。幸亏现在有了互联网。虽然相隔

万里，日夜颠倒，但是，每天早上（加拿大是晚上），我一觉醒来，第一件事就是打开手机上的微信视频聊天，和他聊几句。每到周末，我们总是要聊一两个小时，分享一切可以分享的感受。他喜欢旅游，每到一个地方，就会拍很多照片，发到朋友圈里。欣赏着那些充满异国风情的照片，就好像我自己也跟着他一起去旅行了。

虽然我们几乎天天在网上见面，但是，虚拟的网络世界毕竟代替不了真人，我需要一个真实的拥抱。寒假快到了，我已经买好了机票，准备去加拿大，和他一起去旅行度假。我盼望着动身的那一天。

3 你的环保意识这么强

（李师傅和韩师傅是校清洁工）

李：真讨厌，又是一大堆垃圾，天天倒都倒不过来！

韩：你看垃圾里花花绿绿的，大部分都是包装纸，你不觉得现代社会太讲究包装了吗？

李：是太讲究了，不过我觉得讲究包装是社会进步的表现。有了包

装,又漂亮又方便,多好啊,有时我甚至只是图包装漂亮才买那个东西。

韩:漂亮是漂亮,可是你知道吗,塑料制造的东西要500年才能回归自然。如果不注意控制,对环境该是多大的污染!

李:现在政府不是提倡用纸制品吗?

韩:造纸厂对环境污染更严重,而且要消耗大量的森林资源。

李:照你这么说,人类别生存了,生存与环境是永远的矛盾。

韩:我也承认这种矛盾永远存在,但是人类应该尽量减少对大自然的破坏。

李:你说的有道理,可是人们不可能都像你一样,环保意识这么强。

注释 NOTES

1 幸亏我出来得早,不然准得迟到

"幸亏",因偶然出现的有利条件而没产生不利的后果。例如:

① 幸亏带了这把雨伞才没被雨淋。
② 幸亏有人及时发现,才没有发生火灾。
③ 幸亏有你,不然我一个人真是吓死了。

2 应该早点儿想办法,等问题到了无法解决的地步就晚了

"地步",意思相当于"程度、境况"。常用格式有"……到(了)……地步"。例如:

① 这个地方的环境污染已经到了相当严重的地步。
② 他们已经好到了准备结婚的地步。
③ 他能到今天这个地步,全靠自己的努力。

3 可是有的地区照样有这样的问题

"照样",表示虽然条件改变了,但某种情况和过去一样,或者虽然比较的对象或环境不同,但是某种情况相同。例如:

① 昨天老师批评了他,可是他今天照样迟到。
② 尽管老师讲了很多遍,可是有的同学照样出错。
③ 有的问题发展中国家有,发达国家也照样有。

4 路修得越多,买车的人越多,所以干脆不修了

"干脆",表示说话、态度、做事意思明确、清楚、坚决,或表示作出果断、大胆的决定。例如:

① 我问他到底喜欢不喜欢我,他很干脆地说:"不!"
② 我们干脆买一个新的吧!
③ A：你到底爱不爱我?
　　B：干脆说吧,我不爱你。

5 反正修再多的路也没用

"反正",表示某种情况已经存在或发生,不会因为条件、环境的变化或采取某种行动而有所改变。具体说来,有以下两种情况:

(1) 强调不能改变某种情况。

① 不管你说什么,反正他不改变主意。
② 不管别人去不去,反正我不去。

(2) 强调因为某种情况,做某事是可以的。

① 反正没事儿,我们多玩儿一会儿吧。
② 反正路不远,我们走着去吧。

第19课

练习 EXERCISES

词语练习

1. 用"幸亏"完成句子

（1）下雨了，_____。

（2）我把钥匙锁在屋里了，_____。

（3）_____，不然我就迟到了。

（4）_____，要不非出事故不可。

（5）最近股票大跌，_____，不然就把钱都赔了。

2. 用"照样"改写下列句子

（1）他生病了还来上班。

（2）很多事情，男人能做到，女人也能做到。

（3）没有你的帮助，我也能完成这个工作。

（4）有钱的时候他很高兴，没钱的时候他也很快活。

3. 用"反正"完成句子

（1）A：要考试了，你为什么不复习？
　　B：_____。

（2）今天就干到这儿吧，_____。

（3）A：明天天气不错，你不去吗？
　　B：管它天气好不好，_____。

（4）我们再玩儿一会儿吧，_____。

（5）_____，我不想那么努力地工作。

4. 用"干脆"完成对话

（1）A：你想不想跟我一起去？
　　　B：_____。

（2）A：我的手表又坏了，已经修了好几次了。
　　　B：我看你别修了，_____。

（3）A：你问他了吗？他怎么说？同意不同意？
　　　B：_____。

（4）A：我还是拿不定主意买不买。
　　　B：_____！买一个吧。

5. 从课文中选择合适的动词填空

（1）现在环境污染真_____问题。
（2）他_____便宜，结果买了假货。
（3）人人都应该_____法律。
（4）厂里的机器又_____故障了。

口头报告

1. 根据课文1的对话，整理出一份题为"谈谈交通堵塞"的报告。
2. 根据课文3中韩先生的观点，整理出一份口头报告，题目自定。

讨论

你怎么看待现代化生活的方便、舒适与它同时带来的问题？

第20课 今天有什么新闻

听新闻，看新闻，评论新闻，新闻是我们生活中不可缺少的部分。今天有什么新闻？

生词 NEW WORDS

1	火灾	huǒzāi	名	fire (as a disaster)
2	火势	huǒshì	名	the intensity of a fire
3	蔓延	mànyán	动	to spread
4	烟雾	yānwù	名	smoke
5	被迫	bèipò	动	to be compelled
6	口罩	kǒuzhào	名	gauze mask
7	暖流	nuǎnliú	名	warm current
8	异常	yìcháng	形	abnormal
9	从而	cóng'ér	连	thus
10	干旱	gānhàn	形	dry; arid
11	灾害	zāihài	名	disaster
12	金融	jīnróng	名	finance
13	危机	wēijī	名	crisis
14	货币	huòbì	名	currency
15	基金	jījīn	名	fund

16	援助	yuánzhù	动	to help toaid
17	证券	zhèngquàn	名	securities
18	倒闭	dǎobì	动	to go bankrupt
19	连锁	liánsuǒ	形	chain
20	繁荣	fánróng	形	prosperous
21	隐藏	yǐncáng	动	to hide
22	投机	tóujī	形	speculative
23	破产	pò chǎn		to go bankrupt
24	投资	tóu zī		to invest
25	猛	měng	形	sharp
26	偿还	chánghuán	动	to pay back
27	波及	bōjí	动	to affect
28	股市	gǔshì	名	stock market
29	分析	fēnxī	动	to analyze
30	内地	nèidì	名	mainland China
31	腐败	fǔbài	形	corrupt
32	挪用	nuóyòng	动	to misappropriate
33	公款	gōngkuǎn	名	public money
34	首脑	shǒunǎo	名	leader, head
35	贿赂	huìlù	动	to bribe
36	前提	qiántí	名	prerequisite
37	行贿	xínghuì	动	to bribe
38	拍卖	pāimài	动	to auction
39	突发奇想	tū fā qíxiǎng		to think suddenly of sth. strange

40	条文	tiáowén	名	clause
41	钻空子	zuān kòngzi		to exploit an advantage
42	公证机关	gōngzhèng jīguān		notary office
43	地契	dìqì	名	title deed for land
44	居然	jūrán	副	unexpectedly
45	不可思议	bù kě sī yì		inconceivable

课文 TEXTS

1 内蒙古发生森林大火

张立：听说你要去内蒙古旅游，什么时候动身？

周达：去不成了，你没看新闻吗？内蒙古发生了森林火灾。

张立：森林火灾？严重吗？

周达：火势很大，还在继续蔓延，到处都是烟雾，机场已经被迫关闭。人们上街都得戴上口罩。周围的国家也受到了严重影响。

张立：这么严重啊！是什么原因造成的呢？

周达：据专家们说，是厄尔尼诺（El Nino）现象造成的。[1] 来自太平洋上空的一股强大的暖流，使气候异常变暖，从而造成干旱、火灾等。[2] 今年很多国家的灾害都和这种现象有关，已经造成了13亿美元的损失。

张立：真可怕。不知道今年北京夏天这么热是不是也和这个有关。

2 金融危机

黄　英：昨天看新闻了吗？A国出现了金融危机，向国际货币基金组织（IMF）请求紧急援助。

康明亮：最近怎么了？B国的一家大证券公司也刚刚宣布倒闭了。

黄　英：是啊，最近亚洲几个国家接二连三地出现了金融危机，好像连锁反应似的。

康明亮：前一段新闻不是一直报道亚洲经济很繁荣吗？

黄　英：繁荣背后常常隐藏着危机。东南亚金融危机主要是人为因素造成的，据说有人做投机生意。A国是因为一些大企业宣告破产，这些企业投资过猛，规模过大，结果无法偿还银行贷款。[3]

康明亮：那这次危机会不会波及到中国呢？

黄　英：香港股市已经受到一些影响，不过据专家们分析，不会影响到内地。

3 腐败与发展

（小张、小李正在看报）

小张：现在中国有些地方的腐败现象真不得了，昨天我看报上说，一位山西官员挪用公款2000多万。

小李：其实腐败并不是中国独有的。你看这条新闻说：刚刚结束的第八届世界反腐败首脑会议专门讨论了经济全球化、第三世界发展与腐败的关系，他们发现腐败往往与发展联系在一起。

小张：这个发现很有意思。

小李：我念给你听：据世界银行对69个国家3600家企业的调查显示，贿赂往往是获得合同或贸易的前提，[4]40%的第三世界国家企业承认经常行贿，拉丁美洲的企业行贿率达80%。

4 拍卖月亮

天下无奇不有！这儿有个美国人竟然把月亮拍卖了！这个美国人叫霍普，他是一个失败的生意人，可是有一天他突发奇想，为什么不能做做月亮的生意呢？他查阅了所有跟月亮有关的法律条文，发现没有哪个条文说个人不能拥有天体。于是他就钻了这个空子，向公证机关递交了自己写的星球地契，宣布月亮归自己所有。他把月亮分成了113份，进行拍卖，更令人惊奇的是，居然还有人买！[5]从普通老百姓到政府官员，什么人都有，真是太不可思议了！

注释 NOTES

1 据专家们说，是厄尔尼诺现象造成的

"据"，根据。常用格式"据……说"，"据说"。例如：
① 据老师们说，这次考试不难。
② 据报纸上说，这次高温天气要持续一段时间。
③ 据说，这座房子的主人是一个大人物。

2 使气候异常变暖，从而造成干旱、火灾等

"从而"，表示一种情况发生后，进一步导致了另一种情况的发生。例如：
① 他1989年发表了第一篇小说，从而开始成为一名作家。
② 他们在电视上做了大量宣传，从而打开了产品的销路。
③ 他们扩建了那条马路，从而解决了这个地区堵车的问题。

3 这些企业投资过猛，规模过大，结果无法偿还银行贷款

"结果"，用来连接表示前文所说情况结果的句子，而且多是不好的或意想不到的结果。例如：
① 他们把那只猫放了出去，结果它再也没回来。
② 我们用这种办法试了几次，结果成功了。
③ 早上匆匆忙忙出门，结果忘了带钥匙。

4 贿赂往往是获得合同或贸易的前提

"往往"，用来说明在某种条件下经常发生的规律性情况。例如：
① 周末他往往回父母家。
② 女孩子往往喜欢一起逛商店。
③ 猫往往喜欢晚上活动。

5 更令人惊奇的是，居然还有人买

"居然"，表示对发生的意想不到、不合情理的事情感到吃惊和不满。例如：

① 这个孩子居然骂他的父亲！
② 警察居然打人！
③ 你怎么居然连这个都不懂！

练习 EXERCISES

词语练习

1. 用"结果"完成句子

（1）他把护照放在外衣口袋里，_____。
（2）我们出去找了很多次，_____。
（3）我们出发得晚了一点儿，_____。
（4）他出去的时候忘了锁门，_____。

2. 选择"结果""从而"填空

（1）他们去银行贷款，_____没贷成。
（2）一些有钱人为学校捐款，_____为学校的发展提供了资金。
（3）他结婚后还是常常喝酒，不回家，_____妻子跟他离了婚。

3. 用"居然"完成句子

（1）这个孩子都这么大了，_____！
（2）没想到学校里_____？
（3）我的同屋_____！
（4）那个商店的东西太贵了，一双袜子_____。

4. 用合适的词填空

（1）_____同事们说，小王已经三天没来上班了。

（2）你看他高兴得像个孩子_____。

（3）他们欠银行的贷款_____3.5亿美元。

5. 根据课文回答问题

（1）为什么课文1中的周达不能去旅行了？

（2）课文2中提到的"金融危机"是什么原因造成的？

（3）课文3中第八届反腐败会议的主题是什么？

口头报告

在最近的新闻消息中选择一条你感兴趣的，给同学们介绍并加以评论。

讨论

就最近的新闻热点进行讨论，发表自己的见解。

复习四（第16～20课） 国际婚姻

1 顾家男人

随着最近几年全球性的经济衰退，男性失业率越来越高。女性因为大部分从事医疗健康和教育行业的工作，受到的冲击反而没有那么严重。另外，女性挣钱的能力越来越强。就拿去年美国的双薪家庭来说，有30.7%妻子的收入超过丈夫。这些女性有许多从小受到良好的教育，不愿意做家庭主妇。这样，很多失业的男性就成了顾家男人，也有一些丈夫为了照顾家庭和孩子，自愿减少工作或放弃事业。

不过，这种夫妻俩角色的变换并不是轻松简单的事情，一些家庭充满了矛盾和压力。曾经以家庭为中心的妻子觉得家庭的重担都压在了自己的肩上。她们的压力还来自周围。亲友同事会议论纷纷，说她们的丈夫没用，是吃软饭的。男人一直被教育以事业为中心，一旦失去了工作也很苦闷，觉得像是被社会抛弃了。做家务更让他们觉得男人的脸面无处放。因此，有的夫妻之间难免发生争吵。

目前，女主外、男主内的家庭还不算多。但是，今后如果男性找不到工作，回家也许将成为必然。虽然现在很多女性仍然把男人能否赚钱当成择偶的条件，但是收入高的职业女性越来越倾向于找一个更顾家的男人。

生词 NEW WORDS

1	衰退	shuāituì	动	to decline
2	失业率	shīyèlǜ	名	rate of unemployment
3	择偶	zé'ǒu	动	to choose mate

复习要点

1. 为什么越来越多的男人成为顾家男人？
2. "女主外，男主内"的家庭为什么充满了矛盾和压力？

讨论

顾家男人会成为时代的趋势吗？你接受这种类型的家庭吗？

2 国际婚姻

（木村刚刚参加了朋友婚礼，回来后和保罗聊天儿）

木村：我的朋友结婚了，他是日本人，妻子是法国人。他们相爱很久了，好不容易才结了婚，真为他们感到高兴。

保罗：是啊，有情人终成眷属，总是令人高兴的。他们是在中国认识的吗？

木村：是啊。他们五年前来中国学习汉语的时候是同班同学。他们最初可真是一见钟情。两个人唯一的共同语言就是刚学了一

点儿的汉语。

保罗：这就像我妻子说的，爱是无需表白的，彼此用心体会。

木村：可是因为语言和文化的障碍，他们的关系后来还是有点儿不太顺利。

保罗：那是很自然的事情。即使是同一种族同一文化的人，问题都是难免的。关键还要看两人是不是真的相爱，只要有爱，问题总可以解决的。

木村：不过，不同文化的人结合面临的困难总是比较多。也许相爱容易，但是婚姻就没那么简单了。就拿我朋友来说，他的父母就比较保守，当初不太愿意他和法国女友结婚，为这事他们吵得不可开交。他的父母甚至说宁可不要这个儿子，也不愿意他们结婚。

保罗：可以理解。我和中国妻子当初也不太顺利。但是我发现，虽然各个国家文化习俗不同，人的感情在本质上是相通的。相处越久，越能发现这一点。只要努力，总会有好结果的。

木村：你说的有道理。我的朋友最终还是说服了父母，他们现在很喜欢他的妻子。他们昨天参加了婚礼，高兴得都流出了眼泪。

生词 NEW WORDS

| 有情人终成眷属 | yǒuqíngrén zhōng chéng juànshǔ | 俗语 | lovers will be married |

复习要点

1. 木村的朋友和法国女友的感情经历怎么样？
2. 对待国际婚姻，木村和保罗都有什么观点？

讨论

对不同种族和文化的人结婚，你有什么看法？

3 调查报告：城市交通

交通是每一个城市都面临的问题，也和我们每一个人的生活有很大的关系。请你就以下几个问题调查至少5个人，然后就他们回答问题的情况整理一份报告，在课堂上口头报告你的调查结果。

1. 你所在的城市高峰时间的交通状况怎么样？
2. 你所在城市的市政府是怎么控制交通堵塞的？是否有效？
3. 你认为哪些原因造成交通堵塞？
4. 你认为个人应该为改善交通堵塞做些什么？

4 测测你的环保知识

人类社会的垃圾对自然环境造成了严重的污染。为了节省自然资源和保护环境，我们应该对垃圾进行分类并回收。下面是几道关于垃圾处理和回收的问题，看你能答对多少。

1. 下列哪些东西可以回收再利用？

　　a. 报纸　　b. 塑料包装纸　　c. 瓷器碎片　　d. 碎玻璃

2. 下面什么东西不可以随便丢入垃圾箱?

    a. 香蕉皮　　　b. 灯泡　　　c. 电池　　　d. 剩饭

3. 在下列物品中,哪些东西不可以回收?

    a. 塑料泡沫　　b. 罐头盒　　c. 书　　　　d. 陶器碎片

(正确答案:1. a　2. c　3. d)

生词 NEW WORDS

1	回收	huíshōu	动	to recycle
2	电池	diànchí	名	battery
3	塑料泡沫	sùliào pàomò		foamed plastics
4	罐头盒	guàntóuhé	名	can
5	碎片	suìpiàn	名	fragment

口头报告

请参考正确答案做一个口头报告,讲一讲回收垃圾时应该注意的问题。

生词总表

	A		
按	àn	动	6
按理说	àn lǐ shuō		13
熬夜	áo yè		16
	B		
白	bái	副	7
百忙之中	bǎimáng zhī zhōng		11
百听不厌	bǎi tīng búyàn		15
拜读	bàidú	动	11
搬运工	bānyùngōng	名	16
伴儿	bànr	名	7
帮	bāng	量	18
包装	bāozhuāng	动/名	19
宝贵	bǎoguì	形	11
保龄球	bǎolíngqiú	名	7
保守	bǎoshǒu	形	18
保险	bǎoxiǎn	形	7
保险	bǎoxiǎn	名	9
保修期	bǎoxiūqī	名	6
保证	bǎozhèng	动	9
报到	bào dào		1
报废	bào fèi		6

被炉	bèilú	名	5
被迫	bèipò	动	20
被罩	bèizhào	名	5
本质	běnzhì	名	18
比萨饼	bǐsàbǐng	名	18
彼此	bǐcǐ	代	18
笔	bǐ	量	6
毕竟	bìjìng	副	14
壁纸	bìzhǐ	名	6
避免	bìmiǎn	动	17
遍及	biànjí	动	10
标签	biāoqiān	名	4
标准间	biāozhǔnjiān	名	10
表白	biǎobái	动	18
表露	biǎolù	动	18
别扭	bièniu	形	17
波及	bōjí	动	20
补考	bǔkǎo	动	复习三
补药	bǔyào	名	2
不妨	bùfáng	副	12
不可思议	bù kě sī yì		20
不良	bùliáng	形	6

布置	bùzhì	动	6		充满	chōngmǎn	动	17
部门	bùmén	名	1		冲突	chōngtū	名	8
C					宠物	chǒngwù	名	复习一
财政	cáizhèng	名	9		抽	chōu	动	11
采访	cǎifǎng	动	15		抽屉	chōuti	名	12
采购	cǎigòu	动	3		抽象	chōuxiàng	形	15
菜单	càidān	名	3		出版	chūbǎn	动	8
参谋	cānmou	动	5		出版社	chūbǎnshè	名	8
操作	cāozuò	动	复习二		出头	chūtóu	动	16
侧面	cèmiàn	名	复习三		初稿	chūgǎo	名	8
插	chā	动	6		除非	chúfēi	连	5
插花儿	chā huār		7		处世之道	chǔshì zhī dào		12
插头	chātóu	名	6		吹	chuī	动	17
长途	chángtú	形	8		吹风	chuī fēng		4
偿还	chánghuán	动	20		纯毛	chúnmáo	名	4
场地	chǎngdì	名	10		刺激	cìjī	动	15
场合	chǎnghé	名	4		从而	cóng'ér	连	20
场所	chǎngsuǒ	名	10		存	cún	动	9
炒	chǎo	动	复习一		**D**			
趁	chèn	介	16		搭车	dā chē		13
成家	chéng jiā		17		搭配	dāpèi	动	4
成就	chéngjiù	名	15		打	dǎ	动	4
惩罚	chéngfá	动	13		打发	dǎfa	动	7
迟早	chízǎo	副	17		打架	dǎ jià		复习三
尺寸	chǐcùn	名	4		打交道	dǎ jiāodao		1

打牌	dǎ pái		7		得罪	dézuì	动	18
打扫	dǎsǎo	动	6		登记	dēngjì	动	17
打折	dǎ zhé		5		抵达	dǐdá	动	复习二
大饱口福	dà bǎo kǒufú		3		地板	dìbǎn	名	6
大方	dàfang	形	4		地步	dìbù	名	19
大祸临头	dà huò líntóu		16		地契	dìqì	名	20
大可不必	dà kě búbì		18		地球村	dìqiúcūn	名	18
大手大脚	dàshǒu-dàjiǎo		9		颠倒	diāndǎo	动	19
大作	dàzuò	名	11		点菜	diǎn cài		3
代替	dàitì	动	19		电池	diànchí	名	复习四
贷款	dàikuǎn	动/名	9		电饭锅	diànfànguō	名	5
待遇	dàiyù	名	10		电气工程师	diànqì gōngchéngshī		16
单间	dānjiān	名	10		电源	diànyuán	名	复习二
单身	dānshēn	动	17		调查	diàochá	名/动	复习一
单身汉	dānshēnhàn	名	7		叠	dié	动	6
耽误	dānwu	动	8		顶	dǐng	动	5
淡水鱼	dànshuǐyú	名	3		定做	dìngzuò	动	5
当面	dāngmiàn	副	11		动荡	dòngdàng	动	16
挡	dǎng	动	4		动画	dònghuà	名	15
当晚	dàngwǎn	名	8		动身	dòngshēn	动	8
导游	dǎoyóu	名	复习二		动手	dòng shǒu		6
倒闭	dǎobì	动	20		动作片	dòngzuòpiàn	名	15
倒车	dǎo chē		5		豆苗	dòumiáo	名	复习一
倒霉	dǎoméi	形	13		逗留	dòuliú	动	复习二
到期	dào qī		11		独身	dúshēn	动	17
道	dào	量	3					

独特	dútè	形	14
独自	dúzì	副	14
堵车	dǔ chē		19
堵塞	dǔsè	动	19
短期	duǎnqī	名	14
堆	duī	量	19
对待	duìdài	动	17
兑换	duìhuàn	动	10
炖	dùn	动	3

F

发挥	fāhuī	动	16
发炎	fāyán	动	2
乏味	fáwèi	形	7
法子	fázi	名	9
翻	fān	动	12
繁荣	fánróng	形	20
反而	fǎn'ér	副	17
反应	fǎnyìng	名	6
反正	fǎnzhèng	副	19
犯	fàn	动	2
范围	fànwéi	名	16
防	fáng	动	4
放弃	fàngqì	动	14
分担	fēndān	动	6
分工	fēn gōng		6
分期分批	fēn qī fēn pī		6

分期付款	fēn qī fù kuǎn		9
分手	fēn shǒu		17
分析	fēnxī	动	20
分享	fēnxiǎng	动	19
粉刷	fěnshuā	动	6
丰富	fēngfù	形	7
风度翩翩	fēngdù piānpiān		4
风土人情	fēngtǔ rénqíng		14
风衣	fēngyī	名	4
符号	fúhào	名	15
腐败	fǔbài	形	20
负责	fùzé	动	1
赴	fù	动	复习二
复婚	fù hūn		17
副作用	fùzuòyòng	名	2

G

改进	gǎijìn	动	复习二
改造	gǎizào	动	6
干脆	gāncuì	副	19
干旱	gānhàn	形	20
干洗	gānxǐ	动	4
尴尬	gāngà	形	13
感受	gǎnshòu	名	15
岗位	gǎngwèi	名	1
高档	gāodàng	形	5

高等教育	gāoděng jiàoyù		9
高峰	gāofēng	名	19
高薪	gāoxīn	名	9
高雅	gāoyǎ	形	15
格子	gézi	名	4
革命	gémìng	名	复习三
个别	gèbié	形	18
各	gè	代	10
各奔东西	gèbèn-dōngxī		12
各种各样	gè zhǒng gè yàng		1
工程	gōngchéng	名	6
公款	gōngkuǎn	名	20
公证机关	gōngzhèng jīguān		20
沟通	gōutōng	动	17
孤单	gūdān	形	14
古典	gǔdiǎn	形	15
股市	gǔshì	名	20
骨折	gǔzhé	动	2
故意	gùyì	副	5
刮	guā	动	4
关键	guānjiàn	名	18
关节炎	guānjiéyán	名	5
观念	guānniàn	名	9
罐头盒	guàntouhé	名	复习四
光	guāng	副	3
广	guǎng	形	2
规定	guīdìng	名	4
规模	guīmó	名	10
规则	guīzé	名	19
滚	gǔn	动	2
果然	guǒrán	副	13
过渡	guòdù	动	17
过季	guò jì		5
过头	guòtóu	形	1

H

含糊	hánhu	形	18
含蓄	hánxù	形	18
豪华	háohuá	形	10
号	hào	名	4
和好	héhǎo	动	17
合同	hétong	名	8
何必	hébì	副	16
红烧	hóngshāo	动	3
后果	hòuguǒ	名	17
花花绿绿	huāhuālǜlǜ	形	19
花色	huāsè	名	4
化纤	huàxiān	名	4
化妆	huà zhuāng		7
画展	huàzhǎn	名	15
怀念	huáiniàn	动	12
还清	huán qīng		9

环保	huánbǎo	名	19		肩膀	jiānbǎng	名	复习一
灰心	huīxīn	形	13		减轻	jiǎnqīng	动	复习二
挥汗如雨	huī hàn rú yǔ		16		见识	jiànshi	名	14
回归	huíguī	动	19		见效	jiànxiào	动	2
回收	huíshōu	动	复习四		奖金	jiǎngjīn	名	10
贿赂	huìlù	动	20		交流	jiāoliú	动	18
荤	hūn	形	3		交往	jiāowǎng	动	18
浑身	húnshēn	名	13		结实	jiēshi	形	4
混乱	hùnluàn	名	19		接触	jiēchù	动	6
活儿	huór	名	6		接待	jiēdài	动	1
活跃	huóyuè	形	7		接受	jiēshòu	动	5
火势	huǒshì	名	20		节俭	jiéjiǎn	形	5
火灾	huǒzāi	名	20		节省	jiéshěng	动	9
货币	huòbì	名	20		结伴	jié bàn		14

J

					结账	jié zhàng		复习三
积极	jījí	形	17		金融	jīnróng	名	20
基础	jīchǔ	名	16		紧急	jǐnjí	形	复习三
基金	jījīn	名	20		尽管	jǐnguǎn	副	1
记账	jì zhàng		9		尽快	jǐnkuài	副	1
记住	jìzhù	动	1		尽量	jǐnliàng	副	12
季节	jìjié	名	14		尽力	jìn lì		1
加入	jiārù	动	1		进入	jìnrù	动	1
夹	jiā	动	13		晋升	jìnshēng	动	10
家用电器	jiāyòng diànqì		复习二		经历	jīnglì	名	13
坚持	jiānchí	动	2		经营	jīngyíng	动	10

惊险	jīngxiǎn	形	15
精打细算	jīngdǎ-xìsuàn		9
精细	jīngxì	形	4
景点	jǐngdiǎn	名	复习二
警报器	jǐngbàoqì	名	13
竞争	jìngzhēng	动	17
竟然	jìngrán	副	12
九牛二虎之力	jiǔ niú èr hǔ zhī lì		13
居然	jūrán	副	20
具体	jùtǐ	形	14
距离	jùlí	名	19
聚	jù	动	12
聚会	jùhuì	名	7

K

开诚布公	kāichéng-bùgōng		12
开关	kāiguān	名	6
开朗	kāilǎng	形	1
开玩笑	kāi wánxiào		1
开销	kāixiāo	名	9
开心	kāixīn	形	16
开业	kāi yè		5
开支	kāizhī	名	9
看重	kànzhòng	动	16
可口	kěkǒu	形	3
可惜	kěxī	形	10

空闲	kòngxián	名	8
恐怖	kǒngbù	形	15
控制	kòngzhì	动	19
口味(儿)	kǒuwèi(r)	名	3
口罩	kǒuzhào	名	20
扣除	kòuchú	动	复习二
会计	kuàiji	名	7
宽容	kuānróng	动	12
宽限	kuānxiàn	动	11
款式	kuǎnshì	名	4

L

来着	láizhe	助	1
懒得	lǎnde	动	3
浪漫	làngmàn	形	15
乐观	lèguān	形	18
礼节	lǐjié	名	18
力所能及	lìsuǒnéngjí		16
连锁	liánsuǒ	形	20
联系	liánxì	动	14
脸色	liǎnsè	名	2
恋爱	liàn'ài	动	17
凉拌	liángbàn	动	3
烈日	lièrì	名	16
临时	línshí	副	2
零件	língjiàn	名	6
领带	lǐngdài	名	4

流畅	liúchàng	形	15
流行	liúxíng	动	15
露面	lòu miàn		13
鲈鱼	lúyú	名	2
录取	lùqǔ	动	10
录用	lùyòng	动	13
履历表	lǚlìbiǎo	名	13
乱糟糟	luànzāozāo	形	6
螺丝	luósī	名	复习二
落空	luòkōng	动	8

M

麻婆豆腐	mápó dòufu		3
马虎	mǎhu	形	13
买单	mǎi dān		复习三
埋怨	mányuàn	动	3
蔓延	mànyán	动	20
毛病	máobìng	名	2
矛盾	máodùn	名/动	11
冒昧	màomèi	形	11
美	měi	形	13
美满	měimǎn	形	17
魅力	mèilì	名	复习三
闷	mèn	形	14
猛	měng	形	20
迷路	mí lù		15

秘诀	mìjué	名	2
免不了	miǎnbuliǎo	动	12
面料	miànliào	名	4
面熟	miànshú	形	1
名牌儿	míngpáir	名	4
明星	míngxīng	名	4
陌生	mòshēng	形	18
谋生	móushēng	动	16

N

拿定主意	nádìng zhúyi		5
内地	nèidì	名	20
纳闷儿	nà mènr		18
耐	nài	动	4
难忘	nánwàng	动	14
腻	nì	形	3
拧	nǐng	动	复习二
宁可	nìngkě	副	16
弄	nòng	动	13
暖流	nuǎnliú	名	20
挪用	nuóyòng	动	20

P

拍卖	pāimài	动	20
排	pái	动	8
排骨	páigǔ	名	3
派	pài	动	1

判断	pànduàn	动	13
抛锚	pāomáo	动	13
泡汤	pào tāng		13
赔偿	péicháng	动	11
碰壁	pèng bì		13
皮肤	pífū	名	2
皮肉	píròu	名	2
偏见	piānjiàn	名	18
偏偏	piānpiān	副	13
拼命	pīnmìng	副	16
频道	píndào	名	7
品	pǐn	动	复习二
品位	pǐnwèi	名	4
品质	pǐnzhì	名	17
平淡	píngdàn	形	18
凭	píng	介	13
破产	pòchǎn	动	20
普遍	pǔbiàn	形	19

Q

期限	qīxiàn	名	8
欺负	qīfu	动	12
奇特	qítè	形	15
启发	qǐfā	动	11
千差万别	qiān chā wàn bié		18
签	qiān	动	8
前提	qiántí	名	20
前途	qiántú	名	9
欠债	qiàn zhài		9
巧	qiǎo	形	复习一
亲切	qīnqiè	形	19
亲热	qīnrè	形	18
亲吻	qīnwěn	动	18
勤	qín	形	19
倾向	qīngxiàng	名	16
清炒	qīngchǎo	动	3
清淡	qīngdàn	形	3
清蒸	qīngzhēng	动	3
情调	qíngdiào	名	7
情节	qíngjié	名	15
请教	qǐngjiào	动	11
请客	qǐng kè		3
圈	quān	动	18
劝	quàn	动	14
缺乏	quēfá	动	17
缺憾	quēhàn	名	19

R

惹	rě	动	12
人参	rénshēn	名	2
人生地不熟	rén shēng dì bu shú		14
人事	rénshì	名	1

人缘儿	rényuánr	名	12		审美	shěnměi	动	复习三
忍让	rěnràng	动	12		甚至	shènzhì	副	17
任何	rènhé	代	2		生意	shēngyi	名	8
日常	rìcháng	形	9		省得	shěngde	连	7
日程	rìchéng	名	8		盛产	shèngchǎn	动	14
融合	rónghé	动	18		失灵	shīlíng	动	6
融入	róngrù	动	18		失眠	shī mián		12
软弱	ruǎnruò	形	12		失业	shī yè		9
瑞典	Ruìdiǎn	专名	1		失业率	shīyèlǜ	名	复习四

S

撒谎	sā huǎng		17		时光	shíguāng	名	12
三角恋爱	sānjiǎo liàn'ài		17		时髦	shímáo	形	4
三天打鱼，两天晒网	sān tiān dǎ yú, liǎng tiān shài wǎng		2		实惠	shíhuì	形	5
					实现	shíxiàn	动	14
					实在	shízài	副	2
山顶	shāndǐng	名	14		视频	shìpín	名	19
山坡	shānpō	名	2		适当	shìdàng	形	16
伤害	shānghài	动	12		适合	shìhé	动	4
伤口	shāngkǒu	名	2		适应	shìyìng	动	1
上演	shàngyǎn	动	15		收获	shōuhuò	名	13
尚未	shàng wèi		17		收入	shōurù	名	9
奢侈	shēchǐ	形	9		手段	shǒuduàn	名	16
奢望	shēwàng	名	17		手头	shǒutóu	名	8
舍得	shěde	动	5		手续	shǒuxù	名	1
设施	shèshī	名	10		手艺	shǒuyì	名	3
身材	shēncái	名	4		首付	shǒufù	名	复习二
身高	shēngāo	名	4		首脑	shǒunǎo	名	20

受罪	shòu zuì		16		谈婚论嫁	tán hūn lùn jià		17
舒适	shūshì	形	19		坦率	tǎnshuài	形	18
熟悉	shúxi	动	1		毯子	tǎnzi	名	5
数不清	shǔ bu qīng		14		探亲	tàn qīn		5
属于	shǔyú	动	9		烫	tàng	动	6
摔	shuāi	动	2		逃课	táo kè		13
衰退	shuāituì	动	复习四		套间	tàojiān	名	10
水泄不通	shuǐ xiè bù tōng		19		特色	tèsè	名	7
说服	shuōfú	动	16		特殊	tèshū	形	15
私立	sīlì	形	10		提	tí	动	10
私人	sīrén	名	18		提倡	tíchàng	动	19
思念	sīniàn	动	19		提纲	tígāng	名	8
素	sù	形	3		体会	tǐhuì	动	18
宿	sù	动	复习二		天各一方	tiān gè yì fāng		19
速冻	sùdòng	动	3		添	tiān	动	11
塑料泡沫	sùliào pàomò		复习四		条文	tiáowén	名	20
算	suàn	动	1		条纹	tiáowén	名	4
随地	suídì	副	10		跳槽	tiào cáo		16
随口	suíkǒu	副	18		贴	tiē	动	6
随时	suíshí	副	10		通融	tōngróng	动	11
碎片	suìpiàn	名	复习四		通俗易懂	tōngsú yì dǒng		15
损失	sǔnshī	名	11		通宵	tōngxiāo	名	15
缩水	suō shuǐ		复习一		同感	tónggǎn	名	18
琐碎	suǒsuì	形	6		同情	tóngqíng	动	11
T					统一	tǒngyī	形	12
踏实	tāshi	形	9		痛苦	tòngkǔ	形	15

投机	tóujī	形	20		卫星	wèixīng	名	10
投资	tóuzī	动	20		胃口	wèikǒu	名	3
突发奇想	tū fā qíxiǎng		20		文学	wénxué	名	复习一
突然	tūrán	形	8		稳定	wěndìng	形	16
图	tú	动	19		卧铺	wòpù	名	8
图案	tú'àn	名	15		无法	wúfǎ	动	14
图纸	túzhǐ	名	6		无聊	wúliáo	形	7
推辞	tuīcí	动	13		午夜	wǔyè	名	7
推荐	tuījiàn	动	3		误会	wùhuì	名	12
推销员	tuīxiāoyuán	名	复习二		**X**			
退货	tuì huò		复习二		吸尘器	xīchénqì	名	复习二
W					吸引	xīyǐn	动	15
袜子	wàzi	名	4		稀奇古怪	xīqí gǔguài		15
外甥	wàisheng	名	16		喜好	xǐhào	动	10
外遇	wàiyù	名	17		下降	xiàjiàng	动	9
往返	wǎngfǎn	动	复习二		吓一跳	xià yí tiào		5
危机	wēijī	名	20		先进	xiānjìn	形	10
威信	wēixìn	名	12		显得	xiǎnde	动	15
微波炉	wēibōlú	名	5		相处	xiāngchǔ	动	12
微信	wēixìn	名	19		相当	xiāngdāng	副	10
为难	wéinán	动	11		相似	xiāngsì	形	15
围	wéi	动	14		项	xiàng	量	6
唯一	wéiyī	形	1		项目	xiàngmù	名	7
维修	wéixiū	动	6		消耗	xiāohào	动	19
尾灯	wěidēng	名	11		消气	xiāo qì		11

小圈子	xiǎo quānzi		18
小心眼儿	xiǎoxīnyǎnr	形	12
歇	xiē	动	7
心疼	xīnténg	动	5
欣赏	xīnshǎng	动	14
新奇	xīnqí	形	18
信得过	xìndeguò	动	6
行贿	xínghuì	动	20
形象	xíngxiàng	名	4
型号	xínghào	名	4
幸亏	xìngkuī	副	19
性格	xìnggé	名	1
胸围	xiōngwéi	名	4
修改	xiūgǎi	动	8
虚拟	xūnǐ	动	19
叙旧	xù jiù		17
旋律	xuánlǜ	名	15

Y

烟雾	yānwù	名	20
严格	yángé	形	复习二
眼光	yǎnguāng	名	4
眼花缭乱	yǎnhuā liáoluàn		19
眼力	yǎnlì	名	13
养活	yǎnghuo	动	16
摇滚乐	yáogǔnyuè	名	16
业务	yèwù	名	10
夜猫子	yèmāozi	名	12
夜宵	yèxiāo	名	7
一辈子	yíbèizi	名	14
一旦	yídàn	副	16
一番	yìfān	数量	4
一连	yìlián	副	12
一连串	yìliánchuàn	形	14
一流	yīliú	形	10
一律	yílǜ	副	5
一时	yìshí	名	11
一下子	yíxiàzi	副	1
依我看	yī wǒ kàn		7
遗产	yíchǎn	名	复习二
以……为生	yǐ……wéishēng		16
以不变应万变	yǐ bú biàn yìng wàn biàn		19
异常	yìcháng	形	20
异国风情	yì guó fēngqíng		19
意见	yìjiàn	名	12
意识	yìshi	动	12
意外	yìwài	名	复习二
隐藏	yǐncáng	动	20
印象	yìnxiàng	名	1
应有尽有	yīngyǒu-jìnyǒu		10
应酬	yìngchou	名	17
应聘	yìngpìn	动	10

赢得	yíngdé	动	12		再婚	zàihūn	动	17
拥抱	yōngbào	动	18		再三	zàisān	副	13
用具	yòngjù	名	5		在乎	zàihu	动	4
用品	yòngpǐn	名	5		在行	zàiháng	形	5
用途	yòngtú	名	2		在于	zàiyú	动	16
用于	yòngyú	动	9		攒	zǎn	动	9
优美	yōuměi	形	15		造成	zàochéng	动	19
油漆	yóuqī	名	6		责任	zérèn	名	11
有利	yǒulì	形	17		择偶	zé'ǒu	动	复习四
有情人终成眷属	yǒuqíngrén zhōng chéng juànshǔ	俗语	复习四		占用	zhànyòng	动	11
					涨	zhǎng	动	9
幼稚	yòuzhì	形	15		障碍	zhàng'ài	名	18
娱乐	yúlè	名	7		招聘	zhāopìn	动	10
与人为善	yǔrén-wéishàn		12		照样	zhàoyàng	副	19
预算	yùsuàn	名	9		照应	zhàoyìng	动	12
员工	yuángōng	名	10		正式	zhèngshì	形	1
原则	yuánzé	名	12		证券	zhèngquàn	名	20
援助	yuánzhù	动	20		执行	zhíxíng	动	8
源泉	yuánquán	名	16		直说	zhí shuō		12
愿望	yuànwàng	名	14		值得	zhíde	动	10
约	yuē	动	7		止疼片	zhǐténgpiàn	名	2
月薪	yuèxīn	名	10		指	zhǐ	动	3
熨烫	yùntàng	动	4		指指点点	zhǐzhǐdiǎndiǎn	动	4
Z					至于	zhìyú	动	2
砸	zá	动	3		至于	zhìyú	介	14
灾害	zāihài	名	20		制订	zhìdìng	动	8

治	zhì	动	2		资料	zīliào	名	13
终于	zhōngyú	副	14		资源	zīyuán	名	19
种类	zhǒnglèi	名	2		滋味儿	zīwèir	名	13
重	zhòng	形	3		自动	zìdòng	副	复习二
主持人	zhǔchírén	名	17		自然	zìrán	形	18
主动	zhǔdòng	形	18		自我介绍	zìwǒ jièshào		1
主意	zhúyi	名	5		自在	zìzai	形	14
住院	zhù yuàn		2		总之	zǒngzhī	连	15
抓	zhuā	动	复习三		走运	zǒuyùn	形	13
专程	zhuānchéng	副	13		组装	zǔzhuāng	动	复习二
专门	zhuānmén	副	14		钻空子	zuān kòngzi		20
赚钱	zhuàn qián		7		最佳	zuìjiā	形	8
装修	zhuāngxiū	动	6		遵守	zūnshǒu	动	19
撞	zhuàng	动	11		作品	zuòpǐn	名	15
追求	zhuīqiú	动	7		作息	zuòxī	动	12
咨询	zīxún	动	10		做工	zuògōng	名	4

专名

秘鲁	Bìlǔ	15		麦当劳	Màidāngláo	18
伦敦	Lúndūn	15		瑞典	Ruìdiǎn	1